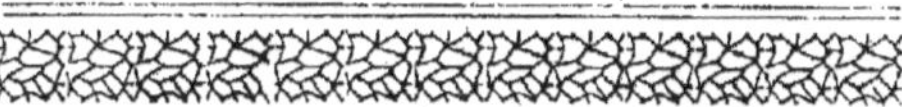

RECHERCHES HISTORIQUES

ÉDIFICES RELIGIEUX D'AJACCIO

XVᵉ-XVIIIᵉ SIÈCLE

Cathédrale — Oratoires — Maison des Jésuites
Palais Épiscopal — Grand Séminaire
Couvents — Oratoires Suburbains

par le Lieut-Colonel J. CAMPI

Commandeur de la Légion d'Honneur
Officier de l'Instruction Publique
Décoré de la Médaille d'Italie & de la Médaille de 1870, etc.

AJACCIO

LIBRAIRIE MARTIN PAOLI
1, Cours Napoléon, 1

1914

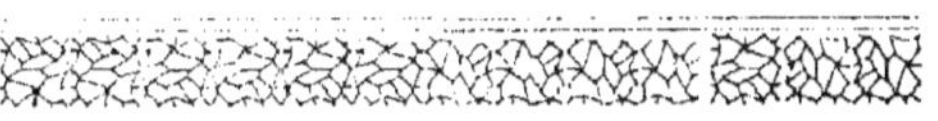

RECHERCHES HISTORIQUES

ÉDIFICES RELIGIEUX
D'AJACCIO

XVᵉ-XVIIIᵉ SIÈCLE

*Cathédrale — Oratoires — Maison des Jésuites
Palais Épiscopal — Grand Séminaire
Couvents — Oratoires Suburbains*

par le Lieut-Colonel J. CAMPI

Commandeur de la Légion d'Honneur
Officier de l'Instruction Publique
Décoré de la Médaille d'Italie & de la Médaille de 1870, etc.

AJACCIO

LIBRAIRIE MARTIN PAOLI
1, Cours Napoléon, 1

1913

Fondée en 1492, la ville d'Ajaccio, au fur et à mesure de son accroissement, construisait, du XVe au XVIIIe siècle, des édifices religieux, les embellissait et les ornait avec un zèle pieux.

J'ai essayé de fixer les origines et les transformations subies par ces lieux du culte qui témoignent de la foi de nos pères.

La pioche du démolisseur est déjà levée pour niveler ce que nos anciens avaient élevé avec tant de peines, le moment est tout indiqué pour recueillir les souvenirs qui s'y rattachent.

L'église Cathédrale si intimement liée à l'histoire locale, devait évidemment occuper une place particulière, la première, dans ces recherches.

Je m'estimerais heureux si mon travail pouvait contribuer à sauver de l'oubli, des dates et des faits chers à ceux des Ajacciens qui ont toujours eu le culte de la ville natale.

J. C.

LES ÉDIFICES RELIGIEUX

D'AJACCIO

LA CATHÉDRALE

L'ancienne ville d'Ajaccio, *Adjacium*, siège de l'évêché de ce nom pendant huit siècles, (1) venait de disparaître. Elle était située dans le vignoble actuel de Saint-Jean, entre la chapelle Sainte-Lucie et Castelvecchio. Sa destruction est attribuée, dans un document officiel de l'année 1575, à l'intempérie du climat et aux guerres sanglantes, (2) qui l'avaient privée d'habitants.

L'immense côte qui entoure le beau golfe d'Ajaccio, avait à l'époque l'aspect d'un vaste désert ; on ne rencontrait ni bourgs ni habitants ; à peine quelques pâtres s'y aventuraient-ils avec leurs troupeaux. Le port servait de

(1) Lettre du pape Saint-Grégoire-le-Grand, août de l'an 600, relative à la nomination de l'évêque d'Ajaccio.

(2) Lettre patente de Gênes, conférant des armes honorifiques à la ville d'Ajaccio. (Archives municipales).

refuge aux barbaresques et leur permettait d'hiverner tranquillement sans avoir rien à redouter. Les tours génoises, vigies forteresses, encore debout aujourd'hui, érigées pour assurer la sécurité des habitants de l'île n'existaient pas encore ; leur construction est postérieure à la réédification d'Ajaccio ; les plus anciennes tours du golfe datent : celle de Capitello de 1553, des Sanguinaires 1550.

La République de Gênes n'avait plus qu'une autorité nominale sur cette région de l'île, lorsqu'elle se décida, à la fin du XVe siècle, à y établir un Préside sur la bande occidentale de la Corse.

Au printemps de l'année 1492, l'Office de Saint-Georges, investi de l'autorité suprême en Corse, expédia dans l'île Noble Domenico de Negrone commissaire, assisté de Noble Gregorio de Grimaldis, Damiano de Franchis Luxardo, Maestro Cristoforo de Gandino, architecte milanais et d'autres officiers de l'Office pour édifier la nouvelle cité.

Cette délégation, munie de pleins pouvoirs, arriva à Ajaccio le samedi soir, 14 avril 1492. Le 16 du même mois, l'emplacement de la nouvelle ville était déjà désigné. On dressa le procès-verbal à bord du navire, ce qui prouverait qu'il n'existait aucune habitation où l'on put dresser cet acte. La commission écarta l'idée de réédifier la ville où était autrefois l'antique *Adjacium*, dont la topographie ne se prêtait nullement à la défense de la cité qu'il s'agissait de fonder : on s'arrêta à l'emplacement de la ville actuelle.

On commença par édifier le *Castello*, sous la direction de Maestro Cristoforo de Gandino, qui dressa les plans de la nouvelle ville.

La pose de la première pierre du château eut lieu solennellement *alla punta della Leccia*, le lundi après l'octave de Pâques 30 avril 1492, à la dix-neuvième heure et un tiers, ce qui correspond à une heure 20 de l'après midi. (1)

Suivant la coutume de l'époque, l'astrologue consulta les astres pour connaître l'avenir réservé à la ville naissante. On ignore s'il a entrevu la figure gigantesque de Napoléon.

Les trois artères principales, rue des Ecoles, Roi de Rome et Napoléon avaient leur origine au pied du château où s'étaient groupées les premières constructions, parmi lesquelles il faut compter l'église Sainte-Croix, Cathédrale du nouveau siège épiscopal. On ne possède aucun renseignement sur cette première cathédrale d'Ajaccio ; le nom seul est parvenu jusqu'à nous. Il y a lieu de croire que c'était une modeste et bien petite chapelle.

L'église Sainte-Croix disparut en 1554, lorsque le Général Paul de Thermes, commandant en Corse les troupes d'Henri II roi de France, fit bâtir la citadelle actuelle ; toutes les constructions qui se trouvaient à l'intérieur du périmètre de la nouvelle forteresse furent démolies ; la cathédrale de Sainte-Croix subit le même sort (2).

Après le départ des Français qui eut lieu en 1559, par

---

(1) Nous devons ces précieux renseignements inédits, sur la fondation de notre ville, au distingué Lieutenant-Général italien Ugo Assereto, connu dans les lettres par ses écrits sur la Corse et la Ligurie et par sa collaboration à de nombreuses revues italiennes.

(Le Général Assereto est décédé à Gênes le 27 Décembre 1912, au moment où il venait de réunir les matériaux pour la publication d'une histoire sur la fondation des villes d'Ajaccio et de Bastia.

Qu'il nous soit permis d'adresser ici, un souvenir reconnaissant à sa mémoire vénérée).

La punta della Leccia était l'extrémité du promontoire où a été bâtie la citadelle. Le château se trouvait à quelques pas derrière le phare actuel de la citadelle ; les murs de l'ancienne prison sont des restes du *Castello*.

(2) Filippini dans son *Istoria di Corsica*, V° volume page 430, nous apprend que quelques années avant la construction de la citadelle on travaillait à la réédification d'une belle cathédrale, dont les murs avaient déjà atteint une certaine hauteur au-dessus du sol, mais qu'on avaient du raser par suite des travaux de la citadelle. S'agirait-il d'un édifice appelé à remplacer celle de Sainte-Croix, détruite elle aussi pour les mêmes raisons ?

suite du traité de Càteau-Cambrésis, la Corse ayant fait retour à Gênes, le conseil des anciens fit des instances auprès du Sénat de Gênes et du Pape Grégoire XIII (1) pour doter Ajaccio d'une Église Cathédrale.

Le Pape et le Sénat de Gênes accueillirent favorablement la demande des magnifiques anciens. L'évêque d'Ajaccio, Monseigneur Guidiccioni étant mort le 12 novembre 1582, le pape décida que le siège épiscopal resterait vacant pendant cinq années, afin d'affecter à la construction de la cathédrale le revenu de la mense épiscopale pendant ces cinq années.

Le pape envoya à Ajaccio comme vicaire apostolique Joseph Mascardi de Sarzana pour administrer le diocèse et bâtir la cathédrale, avec promesse qu'il serait nommé évêque d'Ajaccio dès que les travaux seraient terminés. Les plans furent dressés à Rome (2). D'après l'évêque Giustiniani de Mariana, il parait que Mascardi, ayant hâte de recevoir la mitre, et craignant que les travaux ne traînassent en longueur réduisit les dimensions de la cathédrale telles que nous les voyons. Mascardi mourut sur ces entrefaites, avant l'achèvement de la cathédrale.

Jules Giustiniani nommé évêque par Sixte-Quint sé consacra en entier à ce travail, et au bout de 6 ans la cathédrale était terminée, mais avec les dimensions restreintes que Mascardi lui avait données.

L'inscription suivante gravée sur le portail de la grande porte de la cathédrale donne la date de la construction et fait connaître en même temps les regrets de l'évêque Giustiniani, qui l'eût faite plus vaste s'il lui avait été donné de commencer les premiers travaux.

(1) Ugo Boncompagni, devenu pape sous le nom de Grégoire XIII, réforma le calendrier.

(2) D'après le P. J.-B. Rossi. *La cattedrale fabbricata sul disegno di San Pietro di Roma* etc. (*Memorie Storiche sopra il roto della Città d'Ajaccio*. Page 6.)

D. O. M.

Votis Adjacen devoti populi Senatv Genvense favente R. Q. P.
Gregorio XIII annvente episcopali mensa per quinqvenivm præsvle
Consvlto destitvta censvm ministrante ædibus hisce sacris
Erectis Ivlivs Ivstinianvs Sixto V S. P. A. electvs
Episcopvs extremvm posuit lapidem
Vtinam posvisset et primvm anno MDXCIII

Cette église sainte
Fut élevée sur le produit de la mense épiscopale,
Le siège ayant été pendant cinq ans vacant,
D'après les vœux du peuple pieux d'Ajaccio
L'assentiment du Sénat de Gênes et du Pape Grégoire XIII
Jules Giustiniani créé évêque par Sixte-Quint
Y mit la dernière pierre l'an 1593.
Que ne lui fut-il donné d'en poser la première !

Les difficultés ne firent pas défaut au pieux évêque pour mener à bonne fin l'œuvre qui lui tenait tant à cœur. Il dut faire venir trois fois de Gênes les marbres du portail. Les premiers furent perdus par suite de naufrage ; la deuxième fois, ils devinrent la proie des corsaires barbaresques : ces derniers auraient été retrouvés récemment dans une mosquée de Tunis, ce qui avait fait supposer au Cardinal Lavigerie qu'il y avait eu autrefois à Tunis une ancienne colonie d'Ajacciens avec leur évêque (1). La nouvelle Cathédrale fut consacrée à la glorieuse Assomption de la Sainte Vierge (2).

Tel est le titre de la deuxième Cathédrale depuis la réédification de la nouvelle ville.

---

(1) Mgr de la Foata, *Recherches et notes sur l'histoire de l'Église Corse.* P. 30.

(2) Le P. J.-B. Rossi Page 6. — *Consacrata alla gloriosa Assunzione di Maria al Cielo.*

L'ancien Adjacium du vignoble de Saint-Jean avait eu également deux cathédrales dont les noms seuls sont parvenus jusqu'à nous : Saint-Euphrase d'abord, et en dernier lieu Saint-Jean.

Nous avons dit que, d'après le Père Rossi, la cathédrale d'Ajaccio serait le calque très réduit de Saint-Pierre de Rome.

Le temple forme la croix latine; le transept est à peine marqué, tellement il est peu développé. La grande nef a de belles proportions quant à la hauteur et à la largeur du vaisseau ; sa longueur ne semble pas en rapport avec le reste de l'édifice, on la trouve trop courte. (1). La voûte est de plein cintre et rappelle les constructions de l'époque de la Renaissance ; deux nefs latérales partent de la porte d'entrée et s'arrêtent au transept. Au centre de la croix latine s'élève un dôme aux proportions hardies venant compléter harmonieusement l'édifice qui présente à l'intérieur une superficie de 540 mètres. On peut regretter les peintures murales, qui décorent la voûte où l'artiste a voulu imiter des caissons à rosaces intérieures. Les peintures du chœur sont laides et criardes avec leurs affreuses tentures bleues mal conçues et encore plus mal exécutées.

Le maître autel ne date pas de l'édification de la Cathédrale, 1593 : c'es' un don fait par Elisa Baciocchi, sœur de Napoléon, Princesse de Lucques et Piombino, à la demande que le conseil de fabrique lui avait adressée.

---

(1) La chaire en marbre appuyée au pilier qui sépare les deux chapelles du Corpo di Cristo et de la Concezione remonte à l'édification de la cathédrale, elle est supportée par une colonne en marbre ornée de tentures, dont le piedestal, sur une hauteur de 0,55 c. est complètement enfoui sous le pavé, ce qui réduit d'autant la hauteur de la chaire que l'on considère encore trop élevée. Cette chaire aurait-elle été faite pour un temple de plus grandes dimensions que la cathédrale ? On serait porté à le croire. Les armes de la ville peintes sur la chaire ont les lions d'or, au lieu des chiens blancs des armoiries primitives ; les règles du blason sont parfaitement observées Nous ignorons à quelle époque elles ont été peintes.

Ce don remonte au 21 septembre 1811. L'autel provient de l'église supprimée *dei Suffraganti*, Trépassés de Lucques. Voici la description qu'en donne M. Alex Arman, dans sa brochure *N. D. d'Ajaccio* : « Le rétable est composé de quatre colonnes torses en marbre noir de Porto-Venere. Ces colonnes d'ordre corinthien ont un double rang de piedestaux avec des encaissements du même marbre. La frise est également de Porto-Venere. L'entablement, le frontispice et la ramenée sont entaillés. Le reste est ainsi qu'il suit : marchepied élevé à partir du sanctuaire de quatre marches ; dessus d'autel d'un seul morceau long de deux mètres et demi ; devant d'autel uni, inscrusté de marbres variés ; cadre pour tableau en marbre mélangé de Seravezza. La hauteur de cet autel est de treize mètres environ, la largeur en plan de 7 mètres et la saillie, compr is l'autel et les marches, 5 mètres ».

Sur l'autel, côté de l'Epitre, on lit l'inscription suivante qui donne la date de la consécration par le Cardinal Jules Spinola, évêque de Lucques, le 28 Janvier 1580.

Aram hanc
A Julio Card. Spinola
Solemni ritu fuisse
die XXVIII Jan MDLXXX
S. Bernardini Cantorini instrumenta testantur (1)

La princesse Elisa ayant gardé le tableau, *l'Assomption du Guide*, qui était au maître autel, il fut remplacé par celui qui existe actuellement. C'est une Assomption plutôt médiocre. Madame Mère envoya à la fabrique deux cents

---

(1) Alex Arman. *Notre-Dame d'Ajaccio*, Paris 1844. Précieuse publication devenue presque introuvable qui a sauvé de l'oubli des notes intéressantes et de curieuses légendes concernant la cathédrale d'Ajaccio ; nous lui avons fait souvent des emprunts qui ont facilité cette notice sur la cathédrale.

napoléons d'or pour les frais des travaux nécessités par la mise en place du maitre autel.

Le maitre autel primitif de la cathédrale n'était pas adossé au mur, comme celui qui l'a remplacé ; il se trouvait isolé au milieu du chœur, complètement séparé du reste de l'édifice par une barrière.

Le tabernacle que l'on voit sur le maître autel remonte à la construction de la cathédrale. Après être resté près d'un siècle aux fonts baptismaux, il a été placé au maitre autel par Mgr de la Foata, il y a quelques années. Ce tabernacle a quelque valeur artistique, mais il n'est pas dans le style du maître autel envoyé par la princesse Elisa.

Au dessus de l'autel actuel, on lit l'inscription suivante gravée en lettres d'or :

D. O. M.
Deiparæ Virginis
Mariæ
Assumptioni
ac divis Evfrasio
et Francesco Xaverio
Patronis
D. D. D.

Anciennement la cathédrale avait sept autels, trois dans chacune des nefs latérales, plus le grand autel ; de nos jours, on en compte huit. Après la construction de la sacristie actuelle, en 1826, l'ancienne, qui était très exigüe, fut transformée en chapelle sous le vocable de Saint Philippe de Néri. On y voyait autrefois un tableau de Saint Philippe de Néri, don de Mgr Péraldi d'Ajaccio. Il a été remplacé depuis, par un Saint Joseph. Sur huit autels que renferme la cathédrale, six sont consacrés à la Vierge Marie.

MADONA DEL PIANTO. — La première chapelle que l'on rencontre à gauche en entrant dans la cathédrale est celle de la *Madona del Pianto*, fondée par le Colonel Pierre-Paul Ornano au service de Venise.

Elle aurait coûté dix mille gros écus ; les beaux stucs et les dorures qui l'ornaient ont été abimés et enlevés. On y voit encore plusieurs peintures, œuvre de Dominique Tintoret, fils du grand peintre de ce nom.

Cette chapelle, ainsi que le nom l'indique *Madona del Pianto*, aurait été élevée par la douleur d'un père à l'occasion de la perte de son unique enfant. Le devant de l'autel a de belles inscrustations, au milieu on voit les armes des Cuneo d'Ornano qui succedèrent à la famille du fondateur en 1680.

Le tableau qui se trouve au dessus de l'autel passe pour une bonne toile, il représente la Religion. Il fut envoyé sous le règne de Charles X (1).

En remplaçant l'ancien tableau de la Vierge *del Pianto* par celui de la Religion, cette chapelle n'est plus connue sous son ancienne dénomination ; peu d'Ajacciens savent que c'est la *Madonna del Pianto*, la madonne des pleurs, des larmes. La nouvelle dévotion à Saint-Antoine, introduite depuis peu à la cathédrale, a fait placer à cet autel une statue de Saint-Antoine ; aussi beaucoup de personnes l'appellent-ils la chapelle de Saint Antoine. C'est une façon de rompre la tradition et c'est toujours regrettable pour les choses du culte.

NOTRE-DAME DE LA MISÉRICORDE. — Cette chapelle dite du vœu de la ville, a été érigée en 1752 aux frais de la ville.

---

(1) Le Ministre de l'Intérieur sur la proposition du préfet, M. le Comte de Lantivy, accorde à l'église cathédrale d'Ajaccio, un tableau représentant le *Triomphe de la Religion*. Cette toile arrivée par la corvette de l'Etat « l'Emulation », a été placée à la chapelle la plus voisine de la porte d'entrée, côté de l'Evangile. C'est une copie de Delacroix dont l'original est à Vannes.

Le 16 novembre de l'année 1656, la vierge de la Miséricorde avait été proclamée, par le conseil des Anciens d'Ajaccio, patronne de la cité. Ce vote fait au *pubblico Palazzo,* maison de ville, fut confirmé solennellement quatre ans plus tard à la cathédrale (1660).

La chapelle de la Miséricorde, est la plus belle et la plus riche des sept chapelles qui se trouvent dans les deux nefs latérales, par la variété et la rareté des marbres employés ; elle est l'œuvre de sculpteurs génois, si habiles pour ces sortes de travaux. Deux belles colonnes torses en marbre jaunâtre, brocatello d'Espagne, produisant le plus bel effet complètent ce gracieux rétable.

Trois médaillons peints sur l'arc formant voûte à la chapelle, représentent : celui du milieu l'apparition de la Vierge de Miséricorde à Savone le 18 mars 1536 ; celui de droite, la peste faisant son apparition au faubourg de la ville ; celui de gauche représente les membres du Conseil des Anciens, proclamant Notre-Dame de Miséricorde patronne d'Ajaccio. Au frontispice sont placées les armes de la ville et au dessus de ces armoiries on lit l'inscription suivante gravée sur le marbre :

Adjacensium
In deiparam
Obseqvivm et pietas.

A la mère de Dieu, le peuple d'Ajaccio
plein d'amour et de dévotion.

Dans une niche pratiquée au dessus de l'autel on voit la statue en marbre de N. D. de Miséricorde dans l'attitude de l'apparition de Savone, le beato Tonio agenouillé aux pieds de la Vierge.

Dans ces derniers temps, on a placé contre le mur de la chapelle (côté de l'épître) en dehors de la balustrade, une statuette en marbre de Saint-Jean-Baptiste qui se trouvait autrefois aux fonts baptismaux, provenant de l'ancienne ville d'Ajaccio, où elle ornait le portail de l'église cathédrale de Saint-Jean. Elle mérite à ce titre d'être conservée, bien qu'elle soit d'un travail fort médiocre.

Notre-Dame du Rosaire. — Tel est le titre de la troisième chapelle du côté de l'Évangile ; elle est placée dans le transept entre l'extrémité de la petite nef et le chœur.

La chapelle a été consacrée le 23 Janvier 1765 (1) par Mgr. Doria à l'occasion de l'édification de l'autel en marbre existant encore de nos jours. Cette consécration est mentionnée par une inscription gravée sur l'autel. Le rétable est en stuc ; sur l'arc de la chapelle, on voit une série de caissons avec des peintures représentant les mystères joyeux, douloureux et glorieux de la Vierge du Rosaire. Les statues de Saint-Dominique et de Sainte-Thérèse sont placées dans deux niches pratiquées dans les parois de la chapelle, à droite et à gauche de N. D. du Rosaire, dont la statue se trouve au dessus de l'autel. Les balustrades en marbre de la chapelle, ont été offertes en 1765 par la Signora Madalena Moschetta et par sa domestique Paola Maria Mezzana ; elles y employèrent leurs économies. Aux deux extrémités de la balustrade, on lit sur deux plaques en marbre fixées contre le mur les inscriptions suivantes qui ont fait parvenir jusqu'à nous les noms de ces humbles femmes :

> *Magdalena Moschetta*
> *Domina*
> *pars superior.*
> *Paola Maria Mezzana*
> *Ancilla*
> *pars inferior*

---

(1) La chapelle du Rosaire, bien que consacrée en 1765, est une des plus anciennes chapelles latérales de la cathédrale.

Nous avons déjà fait mention de la chapelle Saint-Philippe établie sous la Restauration, dans l'ancienne sacristie, nous n'aurons plus à y revenir. Nous examinerons les trois autres chapelles situées dans la nef latérale, côté de l'épître, faisant face à celles que nous venons de décrire. La première dans l'ordre en partant du chœur se trouve dans le transept vis à vis de N. D. du Rosaire.

CHAPELLE DU CORPO DI CRISTO OU DU SAINT-SACRE-MENT. — Autrefois le rétable et l'autel de cette chapelle étaient en plâtre et en stucs; ils ont été remplacés en 1895 par un bel autel avec rétable en marbre érigés d'après les dessins de M. Ballu, directeur du service des édifices diocésains au Ministère des Beaux Arts. La forme de l'autel est droite et pleine, comme celle du Maître autel au lieu d'avoir la forme dite sarcophage que l'on voit dans les autres chapelles latérales.

Cette chapelle a été exécutée par la grande marbrerie Cantini de Marseille. La structure générale est de marbre blanc relevé de marbres polychromes. Les deux belles colonnes monolithes de marbre dit jaspe oriental aux nuances ambrées et rouges frappent tout d'abord. Le même marbre a été employé pour les colonnettes du tabernacle et les balustres de la table de communion.

Le devant d'autel en marbre rouge incarnat est orné, au milieu, d'une croix de Malte en onyx. Les panneaux du soubassement du rétable sont en marbre vert de Corse. La frise du rétable en marbre rouge antique porte l'inscription suivante en grandes lettres dorées :

Protege Civitatem.

Sur une plaque de marbre fixée à l'intérieur de la chapelle, côté de l'Evangile, on lit :

Ex voto
Comitissæ Magdalena Forcioli-Conti
hoc altare dicatum

L'autel que nous venons de décrire est dû à la munificence de la famille Forcioli-Conti.

L'ancienne chapelle du *Corpo di Cristo* a été consacrée dans ces derniers temps au Cœur de Jésus par Mgr. de la Foata, de sorte qu'elle a deux titulaires.

Le tableau qui est au rétable date de l'année 1599; il fut fait pour la confrérie du *Corpo di Cristo*, le prieur étant Christophe Rossi. Il représente le Sauveur debout entre l'apôtre qui tient les clefs et l'apôtre armé du glaive; de son côté percé jaillit du sang qui tombe dans un calice. Le tableau avait été dégradé par l'action des siècles. Lorsque le Cardinal Fesch fut élevé à la pourpre, on se souvint qu'autrefois l'abbé Fesch faisait grand cas de ce tableau; on le lui envoya pour le faire restaurer; son Éminence fit subir à cette toile l'ingénieux procédé de l'enlèvement et la peinture a été rapportée sur une toile neuve (1).

La CONCEPTION. — Après la chapelle *del Corpo di Cristo*, vient celle de la Conception. Autrefois cette chapelle avait été dédiée à Notre-Dame dei Naviganti. Ce ne fut que vers 1821 qu'elle fut placée sous le vocable de Notre-Dame de Conception, celle dei Naviganti fut transférée plus bas.

La chapelle actuelle est de construction récente (70 ans environ); l'autel et la balustrade sont en marbre, le rétable et le frontispice en stucs imitant le marbre.

Elle fait face à Notre-Dame de Miséricorde dont on a copié l'architecture et imité la couleur des marbres; elle fait pendant à la chapelle du vœu. La statue en marbre de la Vierge provient de la chapelle du grand séminaire, elle fut transférée à la cathédrale en 1795, pendant l'occupation anglaise au moment où le grand séminaire servait de casernement aux troupes de cette nation afin de la soustraire aux actes irrévérencieux de la soldatesque. Une ouverture pratiquée dans la niche où est placée la statue produit un

---

(1) A. Arman. *Notre Dame d'Ajaccio.* Page 25.

effet de lumière étrange ; on serait tenté de croire que ces rayons lumineux proviennent de lampes allumées derrière la tête de la Vierge tandis que c'est l'effet du jour qui pénètre par la rue Notre-Dame.

Une lettre du Ministre des Beaux-Arts, adressée à la ville d'Ajaccio en 1912, lui signale la statue de la Vierge de Conception comme une œuvre d'art devant être classée prochainement dans cette catégorie.

NOSTRA SIGNORA DEI NAVIGANTI. — Cette chapelle, consacrée le 9 mars 1716 par Mgr. Augustin Spinola, se trouvait, comme nous l'avons dit plus haut, à l'endroit où a été érigée plus tard, celle de la Conception ; l'emplacement qu'elle occupe servait à dresser le sépulcre. L'autel en marbre provient de l'église des jésuites. Saint-Erasme ; il a été placé bien plus tard. Le tableau de la chapelle est une ancienne toile ayant quelque mérite : il représente la Vierge entre St Euphrase et St-Erasme.

L'idée d'ériger cette chapelle appartiendrait à un esclave musulman converti au christianisme et dont Mgr. Spinola avait pris soin. Giuseppe Maria (c'était le nom de l'ancien esclave) dit à son maître qu'il voulait consacrer ses économies à ériger une chapelle à la Vierge dei Naviganti, mais qu'il n'avait pas assez d'argent pour entreprendre cette œuvre. L'évêque Spinola l'y encouragea en lui promettant d'ajouter la somme nécessaire à l'exécution de ce projet.

Mgr. Pierre Spinola agrandit le Palais Episcopal et fit bâtir le grand Séminaire. Décédé le 26 Décembre 1715. Suivant son testament, son cœur fut déposé dans la chapelle du grand Séminaire.

A la partie supérieure de la chapelle on lit l'inscription suivante, peinte audessus de l'arc :

In mare irato
In horrida procella
Invoco te
Nostra benigna Stella

Nous terminons ici la description de la dernière des six chapelles des nefs latérales de la cathédrale.

Autrefois chacune de ces chapelles avait sa dotation, c'est-à-dire quelques petits revenus, son chapelain spécial et un prieur qui s'occupait de l'entretien de la chapelle, du mobilier, de l'ornementation et de tout ce qui était relatif au temporel (1).

Baptistère — A droite, en entrant dans la cathédrale, se trouve le baptistère en marbre ; il porte les armes des Giustiniani, *le château sommé de l'aigle éployée*, en partie effacées. Ce baptistère date de la construction de l'édifice (1593), c'est une simple vasque en marbre forme bénitier, orné de belles sculptures. Napoléon 1er y fut baptisé le 21 juillet 1771, âgé alors d'un an onze mois et 6 jours.

En novembre 1900, par l'initiative du Comte Parisani et de M. Fr. Forcioli-Conti, on plaça sur la vasque un couronnement en bronze, véritable œuvre d'art, style renaissance du plus bel effet. Sur la frise en marbre vert se détache en lettres dorées cette inscription :

Heic baptizatus Imperator Magnus

au dessous on voit les armes d'Ajaccio, encadrées de l'initiale N, puis d'autres inscriptions encore, entr'autres :

Gloria Adjaccii
Gloria mundi
Anno Domini M D C C C C
Ad. Carolis fecit

---

(1) Gian Battista Spoturno, était prieur de la chapelle du Rosaire en 1734 ; à cette date agissant comme prieur, il vend une rente de 12 lires établie sur deux vignes par Tommaso Sari, pour le prix de 200 lires, payé en séquins de Livourne, écus de France, et en parpailloles de Gênes. (Archives départementales, Gian-Luca Carrega, notaire à Ajaccio). Dans le budget de la ville d'Ajaccio de l'année 1775, la chapelle du St-Sacrement figure comme créancière de la ville pour une somme de 1000 francs, productive de 50 fr. d'intérêts

Ce travail est l'œuvre du professeur à l'institut royal de Florence, Carolis, qui s'est inspiré des baptistères de Sienne, Pienza et Florence ; il a été fondu à Rome par Celli.

Orgues. — Les orgues actuelles ont remplacé celles de l'Evèque Giustiniani ; elles ont été données en 1847 par le gouvernement de Louis-Philippe et mises en place en 1849. Les quatres colonnes qui les soutiennent sont d'une seule pièce en marbre gris de Corté. Elles furent travaillées à Ajaccio où elles arrivèrent à peine dégrossies. Pendant ces travaux l'exercice divin fut suspendu à la cathédrale ; l'Eglise St-Erasme servit d'église paroissiale.

Ces orgues ont de la valeur, (2) mais elles sont trop grandes pour la cathédrale qui n'a pas l'ampleur voulue, l'édifice s'en ressent d'une manière disgracieuse. La voûte n'est pas assez élevée et la grande nef est trop courte pour contenir un pareil meuble. Des orgues d'accompagnement ont été placées sous l'épiscopat de Mgr. Casanelli d'Istria, au dessus de la porte qui conduit à la sacristie : elles sont encombrantes et produisent mauvais effet.

Monuments funéraires — La cathédrale n'en possède aucun. Autrefois, en Corse, les inhumations se faisaient dans les églises, *in terra sacra*. A Ajaccio, elles avaient lieu dans les couvents des Capucins, des Franciscains, à l'oratoire de Saint-Jérome et Saint-Jean-Baptiste et quelquefois à l'église Saint-Ignace de Jésuites, mais la grande nécropole était la cathédrale. La sépulture des Evèques était au chœur, puis venait celle des prêtres. Au fond de la cathédrale se trouvait l'*arca*, le grand caveau servant de sépulture

annuels : celle de la Miséricorde pour une somme de 300 francs, placée également à 5 0/0. Le budget communal à cette date s'élevait à 8024 francs, 6, d. 3, s. pour les recettes, à 4718 francs, 18 d. 10 s. pour les dépenses, il donnait un excédent de recettes de 3115 francs, 7, 5.

(2) Elles proviennent de la mai ou Cavaillé-Coll, de Paris, d'où sont sorties les orgues de St-Sulpice, de Notre Dame de Paris et de plusieurs autres cathédrales de France et de l'étranger.

commune au peuple. C'est ainsi que pendant des siècles, on a procédé aux inhumations à Ajaccio. Ces dalles de la vieille cathédrale recouvrent les cendres de nombreuses générations d'Ajacciens qui dorment le dernier sommeil là même où ils avaient coutume d'aller prier !

Après le concordat on a continué à inhumer les évêques dans le chœur. Le premier évêque concordataire. Mgr. Sébastiani fait exception ; il a sa sépulture dans la chapelle de son neveu le général Sébastiani, à Balestrino (Cours Grandval). Mgr. Frà Spinola décédé le 26 décembre 1715 a été inhumé près de la balustrade de la chapelle de la Conception, côté de l'Ep tre. Aucune inscription ne marque l'emplacement.

Nous avons dit que la cathédrale ne possédait pas de monuments funéraires ; néanmoins avant la révolution, de nombreuses pierres tombales sur lesquelles étaient gravées des inscriptions et des épitaphes indiquaient la sépulture des personnages notables ; elles ont malheureusement disparu à l'époque de la réfection du pavé de la cathédrale 1789-1790 (1). On voit les débris de ces marbres recouverts d'inscriptions, utilisés à la balustrade de *Notre Dame de la Conception* ou transformés en marches d'autel.

Le marche-pied de l'autel de la Conception est fermé d'une seule dalle en marbre, provenant des anciennes tombes, on y lit l'inscription suivante en partie effacée :

Ioanni DO....A
Viro prudentia zelo ac religione claro
Illus ac revmus dms Benedictus Andreas
Episcopus adjacensis
Optime merito patri
Perenne Monumentum

---

(1) L'ancien pavé de la cathédrale, dans lequel étaient encastrées des pierres tombales intéressantes et précieuses comme souvenirs historiques a été remplacé par un pavé neuf, en 1790. (N.MS.)

A son excellent père
Jean Doria
homme remarquable par sa sagesse
son zèle et sa piété
Le très Ills. et très Révérend
Monseigneur Benoit-André
Evêque d'Ajaccio
consacre ce monument durable

La famille Cunéo d'Ornano avait sa sépulture à la Madonna del Pianto, la première chapelle en entrant, du côté de l'Evangile. On voit encore les armes des Cunéo inscrustées dans le marbre de l'autel.

Les Bonaparte avait leur *deposito*, caveau, à la chapelle de nostra Signora del Rosario (1).

La famille Forcioli (Forcioli-Conti) avait également sa sépulture à la chapelle del Rosario, l'inscription suivante en indiquait l'emplacement :

D. O. M.
Antonio Forcioli
L'uno dei Nobili Sei della Corsica Cismontana
Nell'anno 1670,
Anziano d'Ajaccio ;
'Pier Andrea Forcioli,
Capo dei Magnifici Anziani d'Ajaccio.
E
Antonio Forcioli,
Capitano della Città Ad'jaccio
E delle Armate Genovesi
Hanno fondato
La sepoltura della loro famiglia
in Chiesa Cathédrale,
Sotto la Custodia della Madonna S.S. del Rosario,
Sibi et Suis

---

(1) Minutes de M⁰ Michele Leca, notaire (mars 1722) Registre 74 page 175. Archives departementales.

D. O. M.

Antonio Forcioli

L'un des Nobles-Six de la Corse Cismontaine (1).

Pendant l'année 1670,

Ancien d'Ajaccio ;

Pier Andrea Forcioli

Chef des Magnifiques Anciens d'Ajaccio.

et

Antonio Forcioli

Capitaine de ville d'Ajaccio

Et des Armées génoises

Ont fondé

La sépulture de leur famille

Dans l'Église Cathédrale,

Sous la garde de la Madone S.S. du Rosaire.

Pour lui et les siens.

Le lambrissage qu'on a fait à la cathédrale depuis quelques années recouvre les inscriptions qui ont échappé à la destruction. L'épitaphe de Pierre Bastelica Mariani est du nombre, elle se trouve entre la Conception et la chapelle du Corpo di Cristo, on y lit :

D. O. M.

Jacet hic non tacet

Tacet et vivis

Petrus Bastelica Mariani

Qui ut diutius viveret

Se exinanuit substantia

Transfusa nempe in filios quod non genuit

---

(1) Les Nobles-Six étaient un corps électif, pour le delà des Monts et non pour la partie Cismontaine; celle-ci avait les Nobles-Douze. C'est par erreur qu'on a écrit Cismontaine.

(2) La pierre tombale portant cette inscription se trouve actuellement à la Chapelle mortuaire de la famille Forcioli-Conti, sise dans l'oliveraie, derrière l'Hôtel Continental.

Tres capitulos canonicos auxit
Divina chori in diem agerent
Quinquies pro fundatore in hæbdemada sacrificares
Perpetui iuris patronatus institutione
Sic liberis non exlantibus
Stetit pietas pro natura
Mirabiliq. antinomia
Alios ille adoptat et adoptatur
Imo se sibi adoptat abdicando
Docente Magistro Spiritu
In suamet succedere post mortem posse
Decessit septuagenuarius anno 1657
Disce lector artem
Œternitatis

Ci gît et toujours vit
Pierre Bastelica Mariana,
Le silence est sur ses lèvres, la parole dans ses œuvres.
Pour prolonger sa mémoire
Il transmit sa fortune
A des enfants qu'il n'avait pas engendrés
Augmentant le chapitre de trois chanoines
Chargés d'assister chaque jour aux offices du chœur
Et de célébrer cinq fois par semaine
En sa mémoire le divin sacrifice.
Ainsi, n'ayant pas d'enfants
La charité suppléa à la nature,
Et par une heureuse contradiction
Adoptant, il est adopté ;
Bien plus, dans son abnégation, il s'adopte lui-même,
Selon cette loi du Saint-Esprit :
Que l'on peut succéder à son propre héritage
après sa mort.
Il décéda septuagénaire l'an M.DCLVII.
Apprends à travailler, lecteur, pour l'éternité.

Dans le chœur, côté de l'Epitre, les boiseries qui font face au trône épiscopal, recouvrent une plaque en marbre sur laquelle on lit :

Ossa
Julii Justiniani
Episc. Adjac.

puis l'épitaphe de Mgr. Guidiccioni, décédé en 1582, onze ans avant la construction de la cathédrale ; elle porte l'inscription suivante :

D. O. M.

Christophoro Guidiccioni, patricio Lucen. adjacen. Episcopo
Exima erga Deum pietate erga omnes humanitate singulari
Generis splendore morum suavitate, multaplicuq. doctrina insigni
Sereniss. Senatus decreto
Vix. annos XLVI obiit anno nat. MDLXXXII

A Christophe Guidiccioni
Patrice de Lucques, évêque d'Ajaccio
Illustre par son amour de Dieu
et de son prochain,
l'éclat de sa race, la douceur de ses mœurs,
l'étendue de sa science.
Le Séréniss. Sénat
Lui éleva ce monument.
Décédé en 1582, il vécut 46 ans.

Au milieu du chœur, une plaque en marbre reproduit l'inscription qui se trouvait autrefois sur la tombe de l'évêque Jules Giustiniani, appelé par le peuple le *Beato Giulio* qui acheva la construction de la cathédrale en 1593. L'an-

cien marbre ayant disparu lors des travaux exécutés au
au maître-autel, voici l'inscription qu'on lit :

D. O. M.

Jacet hic beata sopitus quiete
Julius Justinianus
Jacentes discernit a mortuis incorruptum corpus
Quem dum vixit a vivis discrevit integra vita
Mors et si cæca dignoscit probos
Piis subscrevit non debet
Sixtus V adjacii firmavit episcopum
Sed purpuram meruit virtutibus eminentissimus
His quia multis non una vox fuit satis
Acclamantibus patrem pauperibus
Patronum clero
Et principibus oraclum simul et Magistris
Liburni
Militantis Ecclesiæ sedem nave dum peteret
Spiritus appetentis ad triumphantem divertit
Fratres martyres
Quos sibi quondam barbarus extersit chalyps
In cælum sed alia via secuti
Anno Domini MDCXVI
Ætatis suæ LXXIII
Die XVIII aprilis
Dirutum lapidem aditui restituere anno MDCCCXLIII

Ci-gît plongé dans un heureux repos
Jules Giustiniani.
Dans la tombe son corps toujours intact le distingue des morts
Comme dans le monde l'intégrité de sa vie
le distingua des vivants.
La mort, quoique aveugle, discerne les hommes de bien;
Elle conserve le souvenir de la pitié, loin de la détruire.

Sixte V le nomma évêque d'Ajaccio,

Mais il avait mérité la pourpre par l'éminence de ses vertus.

Ce ne fut pas assez d'une voix pour les dire toutes :

Les pauvres l'appelaient leur père,

Le clergé son protecteur,

Les princes et les docteurs leur oracle.

A Livourne,

pendant qu'il gagnait sur un navire

le siège de l'église militante,

son esprit, plein de célestes désirs,

se détourna vers l'église triomphante,

allant retrouver ainsi dans le ciel, mais par une autre voie,

Des frères martyrs,

Que le fer des barbares lui avait autrefois enlevés.

L'an du Seigneur 1616

et de son âge la soixante-treizième

Le 18 avril (1).

Détruite, les fabriciens la rétablirent en 1843.

Plaque Commémorative. — Napoléon mourant à Ste-Hélène s'est souvenu de la cathédrale d'Ajaccio, en exprimant le désir d'y être inhumé.

« Si l'on proscrit mon cadavre, a-t-il dit, comme on a « proscrit ma personne, que l'on me refuse un peu de « terre, je souhaite que l'on m'inhume auprès de mes « ancêtres dans la cathédrale d'Ajaccio, en Corse ». (2).

Dans ses derniers moments, l'Homme du Siècle voyait par la pensée, l'église de son enfance, la vieille cathédrale de son grand-oncle, l'archidiacre Lucien, où sa mère demeurée veuve à l'âge de 35 ans, avec de nombreux

---

(1) L'évêque Giustiniani mourut à Livourne, où il était de passage se rendant à Rome ; son corps fut ramené à Ajaccio par les soins du clergé et de la municipalité.

(2) Docteur Antommarchi. *Derniers moments de Napoléon.* C. 11 page 135, Paris 1825.

enfants (1) avait coutume d'aller se recueillir et confier à Dieu ses tristesses et ses espérances...... Une inscription en lettres d'or sur une plaque en marbre incarnat de France, fixée contre le pilier de la cathédrale, près de la chapelle de N. D. de Miséricorde, consacre le souvenir des paroles de Napoléon.

Cette plaque a été placée en 1900, par les soins du Comte Forcioli-Conti.

Extérieur de la Cathédrale. — Il nous reste à examiner la cathédrale extérieurement. Sous le rapport esthétique, son aspect ne répond pas à l'architecture intérieure de l'édifice. La façade n'est pas sur l'alignement de la rue des Écoles, elle forme une ligne oblique. Comme beaucoup d'églises italiennes de la Renaissance la façade ne présente aucun ouvrage d'art, les murs sont crépis à la chaux, sans la moindre ornementation, pas même le *Corniccioni* qui complète si gracieusement la façade des édifices publics en Italie.

Un perron de six marches donne accès à la porte d'entrée de la cathédrale. Le portail de marbre blanc, d'ordre ionique, avec ses pilastres cannelés, au dessus duquel se détachent les armoiries de Giulio Giustiniani, le château sommé de l'aigle éployée, est le seul ouvrage d'art que l'on remarque sur la façade de l'édifice.

A l'origine, il n'existait que la grande porte d'entrée ; les deux autres portes latérales datent de 1789.

Les trois autres côtés de la cathédrale sont masqués par de vieilles maisons adossées.

La coupole du dôme ne manque pas d'ampleur et produit un bel effet ; tout à côté s'élève le clocher qui, par

---

(1) Mad. Létizia avait huit enfants, cinq garçons et trois filles l'aîné âgé seulement de 17 ans.

sa hauteur et ses belles proportions, présente une masse vraiment imposante.

En novembre 1900, une souscription avait été ouverte sur l'initiative du Comte Forcioli Conti, pour refaire à la vieille cathédrale une façade artistique plus en rapport avec les souvenirs historiques qu'elle rappelle. On avait songé à un revêtement en granit et en marbre. Cette souscription produisit une vingtaine de mille francs, qui sont déposés dans une banque, à intérêts accumulés, et lorsque les fonds auront couvert l'évaluation du devis, le projet pourra recevoir son exécution.

Faits remarquables accomplis dans la cathédrale. Vœu d'Ajaccio. — Le 16 novembre 1656, la *Magnifica Communità* et le Conseil de ville, réunis dans la grande salle *del pubblico Palazzo*, proclamèrent la Vierge de Miséricorde, patronne d'Ajaccio et prenaient l'engagement perpétuel de fêter le 18 mars de chaque année, jour de l'apparition de la Vierge à Savone.

Cette décision était prise par devant Gio Battista Scaffa, notaire et chancelier. Quatre ans plus tard, le 18 mars 1660, ce vœu fut renouvelé solennellement à la cathédrale par le Conseil des anciens : Gio Valerio Colonna, Girolomo Scaffa, Pietro Spoturno, Girolamo Pozzo-di-Borgo et Giovan Battista Sambucetto, en suite d'une autorisation du Spetabile conseil de ville, en présence de l'Illustrissime Commissaire Pompeo Giustiniano, du chapitre, du clergé et du peupl .

Ils jurèrent sur les Saints-Évangiles de faire observer à perpétuité le 18 mars de chaque année jour de l'apparition de la Vierge à Savone, comme fête de précepte, avec messe solennelle et procession générale. Giov. Domenico Canella, notaro, en dressa l'acte. Bien avant 1656, la dévotion à Notre-Dame de Miséricorde, comme patronne d'Ajaccio, s'était téablie à l'église Saint-Ignace des

Jésuites (actuellement Saint-Erasme) où elle eut son origine.

Le capitaine Giov. Pietro Orto, propriétaire de la première chapelle, côté de l'évangile de l'église Saint-Ignace, avait fait placer solennellement, le 3 avril 1645, une statue en marbre de Notre-Dame de Miséricorde, protectrice de la ville ; mais ce ne fut que le 18 mars 1660, au renouvellement du vœu par le conseil des anciens, que la fête de la Miséricorde prit le caractère officiel qu'elle a conservé jusqu'à nos jours.

La statue en marbre de N.-D. de Miséricorde, don du capitaine Giov. Pietro Orto, appartient à l'hospice d'Ajaccio, depuis le 4 février 1783 (1).

L'inscription suivante se trouve gravée sur le socle.

Mater Misericordiæ
Salve nos in omni tempore

Baptême de Napoléon. — Napoléon, dont le nom immense et impérissable plane sur l'univers a été baptisé dans la Cathédrale d'Ajaccio par l'abbé Giov. Battista Diamante le 21 Juillet 1771, bien que né le 15 Août 1769. Il a été tenu sur les fonts baptismaux par Lorenzo Giubega, Procureur du roi à Calvi et par Gertruda Paravicino, née Bonaparte, sa tante. Sa mère, Letizia Bonaparte, assistait à la grand'messe le 15 Août 1769, jour de l'Assomption, quand elle ressentit les premières douleurs de l'enfantement. Elle dut quitter la Cathédrale en toute hâte et gagner sa demeure, située à quelques pas de là (2).

---

(1) Gio Battista Rossi. Mémorie Storiche sopra il voto della Città d'Ajaccio. Page 55 et Archives hospitalières R⁰ (4 février 1783.)

(2) D'après le Père Rossi, Letizia aurait accouché de Napoléon dans la nuit du 15 au 16 Août 1769 ; il s'exprime ainsi : *la notte del 15 agosto, venendo il sedici*. (Osservazioni Storiche sopra la Corsica. Livre XII page 49.)

Violences exercées dans la cathédrale. — Le 15 Août 1789, un mois après la prise de la Bastille, le peuple ajaccien voulut lui aussi fêter cet événement et faire une manifestation à travers la ville.

Elle s'organisa in Borgo, se dirigea en ville avec un drapeau blanc orné d'un nœud tricolore, aux cris de : « Vive le Roi ! vive la Nation ! » La foule fit une halte devant l'habitation de Gio-Girolamo Levie, in borgo, à qui elle présenta le drapeau. Celui-ci après l'avoir pris, le remit aux manifestants qui se passèrent de main en main, le nouvel emblème national, Une dernière halte eut lieu *al pubblico Palazzo, in carruggio dritto*, où elle fut saluée par le Podestat (maire), Giov. Battista Tartaroli, qui se mit à sa tête. Des manifestants se portèrent à la Cathédrale fermée depuis plus de 12 ans par arrêt du conseil supérieur de l'île, attendu qu'elle menaçait ruine (1) et ne servait plus qu'aux inhumations.

L'état de délabrement de la vieille Cathédrale impressionna le peuple ; il se rappela que depuis longtemps le Conseil supérieur avait condamné l'évêque Doria à la réparer et que cet arrêt était resté lettre morte. (2).

Une partie des manifestants se rendit au grand séminaire où se trouvait en ce moment Mgr. Doria, et l'obligèrent à se rendre à la Cathédrale. Dès que l'évêque entra dans l'église, on poussa les cris de : « mort à l'évêque! »

----

(1) Mr Guyot procureur général du Conseil supérieur, dans son réquisitoire du 5 Mai 1772 s'exprimait ainsi : Il est de notoriété pu-« blique que l'église Cathédrale d'Ajaccio, menace ruine, par le dé-« faut d'entretien et de réparations nécessaires, en sorte que le « peuple n'y entre et n'y reste qu'en tremblant. Que si malheureu-« sement, la voûte venait à s'écrouler dans le temps que les fidèles « sont assemblés, sa chute ferait perdre la vie à des milliers de personnes, etc...

(2) L'arrêt avait non seulement condamné l'évêque à réparer la Cathédrale mais encore il ordonnait la retenue du tiers du temporel de Mgr. Doria. Archives départementales Conseil supérieur — Série B. 5 régistres.

L'homme qui portait le drapeau semblait diriger le mouvement ; il monta en chaire et, avec un mouvement de la hampe du drapeau, il donnait à la foule le signal de la résistance ou de l'acquiescement. L'évêque offrit 200 écus pour les réparations. Un mouvement du potte-drapeau indiqua qu'il fallait refuser. Quelqu'un ayant fait remarquer que l'évêque n'avait pas de cocarde tricolore (au moment de l'envahissement du séminaire, il avait oublié de prendre son chapeau) on lui donna le chapeau d'un pauvre cordonnier orné de la cocarde. Le tumulte était devenu indescriptible. On sonna le glas funèbre et quelques forcenés ne parlaient rien moins que de l'ensevelir vivant dans les caveaux de la Cathédrale. L'évêque, las d'être violenté, s'écria à haute voix : « Je ferai tout « ce que vous voudrez pourvu que tout rentre dans l'or- « dre. » Le porte-drapeau donna du haut de la chaire le signal des applaudissements ; on cria aussitôt : « Vive notre évêque ! » Les manifestants l'accompagnaient ensuite au séminaire où il habitait.

L'évêque tint parole ; il fit remplacer l'ancien pavé en pierres de la Cathédrale par les dalles en marbre blanc et bleu qui existent encore, réparer la toiture, la coupole et la sacristie ; l'église fut mise en parfait état. Sept mois après, le 18 mars 1790, jour de la fête de la Miséricorde, la cathédrale fut ouverte au culte.

On a prétendu que ce mouvement tumultueux étaient l'œuvre des chanoines qui avaient excité la populace et surtout la corporation des maçons ; celle-ci voyait dans toute cette affaire une belle occasion pour avoir du travail. (1)

Suppression du chapitre. — Le 26 décembre 1790, la municipalité d'Ajaccio, composée de Giov. Girolano

---

(1) Abbate Ambroggio Rossi. — Osservazione Storiche sopra la Corsica. Lib. XIV page 46.

Levie, prete Domenico Ucciani, il Signor Giuseppe Fesch,
ufficiale municipale et archidiacre, Carlo Recco, secrétaire,
se rendirent en corps à la Cathédrale pour notifier officiel-
lement la suppression du chapitre et le décret sur l'organisation civile du clergé, enjoignant aux chanoines de se
dissoudre avec défense de ne plus se réunir en corps pour
remplir leurs fonctions religieuses, d'avoir, en outre, à
formuler sur le champ une déclaration des sentiments
religieux et politiques dont ils étaient animés.

Les chanoines étaient assemblés au chœur ; l'archidiacre
Joseph Fesch prit la parole. Après avoir fait toutes réserves
au point de vue du dogme et de la religion, il répondit
aux officiers municipaux, et les assura de leur soumission
aux décrets de la nation, pour le bien de la Patrie. Le
chapitre adhéra à la déclaration de l'archidiacre.

Les chanoines en fonctions à cette date étaient : Simone
Recco, Pietro Levie, absent pour cause de maladie. Angelo
Pasquale de Susini, Ignazio Matteo Costa, Giacomo
Filippo della Costa, Antonio Péraldi, Tommaso Susini,
Filippo Sportuno, Gio Battista Forcioli, Agostino Santa-
maria, Simone Francesco Gaudiani, Felice Pugliese, Ignazio
Peraldi, Girolamo Costa, Bonaventura Susini, Giov.
Battista Cunéo Ornano, Giuseppe Maria Ponte. Le nom-
bre des chanoines, y compris l'archidiacre, était de dix-
huit. (1)

**Prestation du serment à la constitution
du Clergé.** — Le 27 février 1791 eut lieu dans la
Cathédrale d'Ajaccio, la cérémonie de la prestation du
serment à la constitution civile du clergé, prescrit par la loi
du 26 décembre 1790. Cette cérémonie eut lieu en
présence du conseil général de la commune qui en dressa
procès-verbal et d'un peuple nombreux. Il est dit dans le

_____

(1) Archives départementales. - Série L., F. 1, liasse 183.

procès-verbal que cette patriotique et sainte cérémonie avait été précédée d'un éloquent discours, vraiment chrétien, de l'abbé Fesch, officier municipal et ex-chanoine du ci-devant chapitre d'Ajaccio. Le peuple, dit il plus loin, enchanté de retrouver dans les prêtres les défenseurs de sa liberté et des modèles de toutes les vertus chrétiennes exultait de joie en poussant des vivats nombreux. (1)

Quelques temps après, l'abbé Don Carlo Recco, aumônier de l'hôpital militaire d'Ajaccio, adressait au conseil général une rétractation formulée en termes fort dignes.

Translation des cendres de Madame Mère et du Cardinal Fesch dans la Cathédrale. — Suivant le désir exprimé par le Cardinal Fesch dans son testament, ses cendres et celles de sa sœur, la mère de Napoléon, arrivèrent à Ajaccio le 4 juin 1851. Toutes les autorités civiles et militaires s'étaient portées sur le quai pour les recevoir ; toute la population avait tenu à accompagner ces morts illustres ramenés au pays natal ; le quai, la place du marché, suffisaient à peine à contenir tout le monde.

Les deux cercueils furent portés processionnellement à travers la ville et déposés à la Cathédrale ; ils furent reçus par Mgr Casanelli, qui donna l'absoute. Quelques jours après, les cercueils recouverts de leurs poêles et des insignes impériaux et cardinalices furent placés provisoirement dans la chapelle Saint Philippe, en attendant leur transfert à la chapelle impériale de la rue Fesch qui n'était pas encore édifiée. Le 10 septembre 1860, ce transfert eut lieu avec grand apparat. Les corps étaient restés à la Cathédrale pendant neuf ans, trois mois et six jours.

Visite des Souverains à la Cathédrale. — Lors de leur voyage en Corse en 1860, l'Empereur et

l'Impératrice visitèrent la Cathédrale d'Ajaccio le lende-
main de leur arrivée, 15 septembre 1860. Les souverains
furent reçus par Mgr Casanelli d'Istria, évêque d'Ajaccio
et par Mgr l'évêque auxiliaire, entourés du chapitre et du
clergé. L'évêque adressa à leurs majestés un discours où
nous relevons ces mots : « Cette église toute modeste
qu'elle est dans sa structure est pourtant bien remarquable
par les souvenirs qui s'y rattachent. Elle est le berceau
spirituel de la Dynastie qui règne sur la France... C'est
ici que Napoléon Ier et votre illustre père (1) furent
régénérés sur les fonts baptismaux.... » Puis, évoquant le
souvenir des Bonapartes avant Napoléon, il s'écriait :
« Dans cette enceinte, sous cette même voûte, sur ces
mêmes dalles où tant de fois s'agenouillèrent et prièrent
vos nobles ancêtres, etc. etc.... »

L'empereur, visiblement ému, répondit : « En entrant
dans cette église, j'y trouve de pieux souvenirs de famille.
J'ai la satisfaction de vous dire que mon voyage en Corse
a un but essentiellement religieux, puisque je suis venu
comme en pélerinage visiter le berceau et la tombe de
plusieurs des miens, etc.... »

La vieille Cathédrale retentit des acclamations de la
foule, et Mgr Casanelli revêtu de ses habits pontificaux
entonna 'e *Te Deum Laudamus.*

Visite de l'Impératrice et du prince Impérial.

A l'occasion du centenaire de la naissance de Napoléon
Ier, l'Impératrice et le prince Impérial vinrent à Ajaccio
pour assister aux fêtes organisées par la ville en cette
mémorable circonstance.

Le 29 août 1869, l'Impératrice et le Prince se rendirent

---

(1) Louis Bonaparte, roi de Hollande, père de Napoléon III avait
été baptisé le 24 septembre 1778 à l'oratoire de Saint Jérôme et de
Saint Jean Baptiste, situé à côté de la maison Bonaparte, et non
loin de la Cathédrale.

à la Cathédrale acclamés par une population nombreuse dont l'enthousiasme tenait du délire. Ils furent reçus à l'entrée de la Cathédrale par Mgr Casanelli accompagné de l'évêque d'Hétalonie et suivi du clergé. L'évêque d'Ajaccio s'adressant à l'Impératrice prononça une allocution où il rappelait en ces termes la visite de 1860 : « Aujourd'hui comme alors, vous voyez se refléter sur tous les visages la joie qui inonde tous les cœurs. Aujourd'hui comme alors, les voûtes de ce sanctuaire vont retentir de nos accents d'allégresse et de nos invocations redoublées.... » Puis dans un autre discours qu'il adressa au prince Impérial, nous relevons la phrase suivante : « En traversant la nef de cette vieille Cathédrale dont les dalles couvrent la tombe de plusieurs générations, notre pensée se reportera sans doute vers vos aïeux dont vous foulez la cendre. Mais levez les yeux plus haut et persuadez-vous, Prince, que leurs âmes reposant dans le Sein de Dieu tressaillent en ce moment d'allégresse en se voyant revivre ici-bas dans un de leurs plus nobles rejetons.... »

L'évêque, après avoir célébré la messe, entonna le *Te 'Deum laudamus*.

Ce fut la deuxième et dernière visite faite par des souverains à la vieille Cathédrale d'Ajaccio.

APPENDICE I

BIENS DE LA MENSE EPISCOPALE
A LA RÉVOLUTION

1. — Palais épiscopal, sis Carruggio dritto.

2. — Domaine du *Comte de Frasso*, d'un revenu de 3.500 livres, donné par le Comte Polverello en 1126, à Mgr Guglielmo, évêque d'Ajaccio.

3. — Terres de *Listinchiccia* et *Valle d'Alzo*, situées à Pila et Canale.

4. — Terres de *Testino*, à Cauro, évaluées à 5.060 livres.

5. — Vieux Séminaire, (évalué à 5.619 livres) et nouveau Séminaire.

6. — Terres à *Piedimaglieri* (évaluées à 2.000 livres) et la *Beveraccia*, situées à Fozzano.

7. — Terres à Viggianello, appartenant au Séminaire.

BIENS DU CHAPITRE
A LA MÊME ÉPOQUE

Canonicat Susini

Une maison, rue Trabacchina, (près de la place Letizia.)

Canonicat Ponte

Deux étages et un rez de chaussée, rue San Girolamo.

Canonicat Danese

Une maison, rue de la Colletta, (rue Roi de Rome).

Canonicat Sassello

Une maison, rue Scaffa.
Une maison, rue Lazare Ternano.

Canonicat Recco ou Lavie

Une vigne à la Serra Soprana.
Une vigne au Molinaccio.
Une maison à la Colletta.

Canonicat Mariano
Institué par le Capitaine Pierre Bastelica

Un enclos à Mariano, au dessus de l'ancienne caserne
de gendarmerie (Parc Sebastiani).
1. — Terres de St-Antoine avec oratoire et maison.
2. — Terres de Vignale.
3. — Enclos de Costelargo, à l'entrée d'Ajaccio.
4. — Vigne du Vitullo, dite dello Schiavo.

APPENDICE II

NOTICE SUR Mgr JULES GIUSTINIANI

Jules Giustiniani, génois, naquit en 1543 dans l'île de Chio, fief de la noble famille des Giustiniani. Il fut créé évêque d'Ajaccio par Sixte-Quint le 28 septembre 1587 ; le siège était resté vacant pendant 5 ans. Il acheva en 1593 la Cathédrale commencée par Joseph Mascardi, visiteur apostolique.

Pendant son épiscopat qui dura 29 ans, il donna une grande impulsion à l'esprit religieux des Ajacciens. Outre la Cathédrale, les divers oratoires, le couvent des Franciscains d'Ajaccio, ainsi que plusieurs confréries, datent de son épiscopat. — C'était un évêque de grande piété et d'une charité inépuisable ; nos anciens l'avaient surnommé le *beato Giulio*. Il eut à subir des persécutions pour avoir soutenu les droits du peuple.

L'historien Filippini, qui était son contemporain, nous a laissé de l'évêque Giustiniani le portrait suivant : « Quand il fut nommé évêque, il était âgé de 45 ans ; c'était un homme de belle prestance et d'une science étendue. Sévère dans l'administration de la justice, plein de dévotion et d'une conduite exemplaire, il était très aimé de ses diocésains. »

Il mourut à Livourne 18 avril 1616, en se rendant à Rome par ordre de la République de Gênes, avec le consentement du pape. Il avait été accusé d'avoir favorisé les populations d'Ornano et de Bozzi, révoltées contre leurs Seigneurs.

En août 1620, son corps trouvé frais et intact fut transporté à Ajaccio par les soins du clergé et de la municipalité, et inhumé dans la Cathédrale au pied du maître autel, le 7 octobre 1620, avec des honneurs extraordinaires. Le peuple le regardait comme un saint : sa charité lui valut le titre de Père du peuple. (1)

(1) Mgr de la Foata, Recherches et notes sur l'histoire de l'Eglise en Corse.

APPENDICE III

NOTICE SUR Mgr BENOIT-ANDRÉ DORIA

Benoît-André Doria, patrice génois, Conseiller du roi, Comte de Frasso, était né à Rogliano, Corse, le 30 novembre 1722 ; sacré évêque d'Ajaccio le 28 mai 1759. Il était le neveu de Mgr Centurione, son prédécesseur sur le siège épiscopal. En 1791, il refusa de prêter le serment civique et se retira à Rogliano d'où il émigra, et fixa sa résidence à Sarzana, Italie.

Il mourut à la Spezia, 17 septembre 1794, il fut inhumé le 19 septembre dans le chœur de l'église de l'Assomption. (1) Pendant son long épiscopat de trente deux ans, il eut à subir de mombreuses contrariétés et des ennuis au sujet des réparations de la Cathédrale et résista aux arrêts du Conseil Supérieur qui l'avait condamné à faire les réparations.

L'évêque soutenait que, conformément aux lois françaises, l'église étant en même temps paroissiale, la dépense devait être supportée par la ville. Nous avons raconté l'échauffourée du 15 août 1789, dans la notice sur la Cathédrale, les violences dont il fut victime, et l'épilogue qui la suivit. Il eut la douleur de constater que les chanoines avaient été les organisateurs de cette manifestation qui faillit tourner au tragique.

L'abbate Ambroggio Rossi dans les *Osservazione Storiche*

(1) Mgr de la Foata, Recherches et notes.

sopra la Corsica (1) nous a laissé un portrait de l'évêque Doria. Il le représente comme un prélat bon, doux et affable, aimant le peuple et surtout les pauvres dont il défendait les droits et les intérêts avec la plus grande fermeté dans les diverses assemblées et particulièrement comme Président des États de Corse.

Dans les cérémonies du culte, il apportait de la magnificence et exigeait qu'elles se fissent avec le plus grand éclat. Scrupuleux par tempérament, il se gardait avec soin de peser sur les examinateurs pour les promotions à faire, et il n'entendait pas se mêler du temporel ; ce soin était laissé à l'économe de la mense épiscopale. Pour ce qui concernait sa maison privée, c'était son frère et son beau frère qui en avaient la direction et se conformaient rigoureusement à ses ordres pour les aumônes considérables qu'il avait l'habitude de faire. Arman, dans sa brochure *Notre Dame d'Ajaccio*, assure qu'il faisait diner les pauvres de la ville deux fois par semaine au palais épiscopal.

____

(1) Livre XV° page 29.

LES ORATOIRES

ORATOIRE
DE S. JÉROME ET S. JEAN-BAPTISTE

On a peu de données sur l'époque de la construction de
cet oratoire ; certains documents concernant la Confrérie
de Saint Jérôme et Saint-Jean-Baptiste autorisent à penser
qu'il existait déjà à la fin du XVIe siècle.

En effet la confrérie de Saint Jérôme et Saint-Jean-
Baptiste administrait et entretenait l'*Ospedale dei Poveri*
d'Ajaccio, fondé en 1581, par le Colonel Livio Pozzo-di-
Borgo. Il serait donc le plus ancien des édifices religieux
élevés à Ajaccio sous le gouvernement de Gênes, après la
fondation de la ville actuelle.

Sa construction aurait précédé de 22 ans celle de la
Cathédrale. Tout porte à le croire, si on songe que la
Cathédrale de l'ancienne ville d'Ajaccio était sous le vocable
de Saint-Jean, et que la confrérie de Saint Jérôme et Saint
Baptiste est de beaucoup la plus ancienne des confréries de
la ville. Celle de Saint Roch venait après, bien qu'instituée
en 1599. (1)

En outre, le *Cristo moro* que l'on conserve dans l'Ora-

(1) Autre fait qui est à l'appui de cette thèse : Si la Cathédrale
existait déjà au moment où il s'e t agi de construire l'oratoire de
Saint Jérôme et Saint Jean-Baptiste, il est certain qu'on n'aura t
pas choisi pour édifier ce temple, un emplacement situé à une
quarantaine de pas de la Cathédrale.

toire de Saint Jérome et Saint Jean-Baptiste proviendrait de la Cathédrale de l'ancienne ville d'Ajaccio.

Tous ces faits sont de nature à accréditer l'opinion que cet oratoire est le plus ancien édifice religieux d'Ajaccio existant encore de nos jours.

Arman, dans son opuscule *Notre Dame d'Ajaccio*, nous a laissé une description du Cristo Moro, dont nous avons parlé plus haut, qui mérite d'être rapportée.

« Il nous est venu, dit-il, de cette église (église Saint
« Jean, Cathédrale de l'ancienne ville) un crucifix en bois
« de poirier, nommé le *Cristo Moro* à cause de la teinte
« bistre qu'il doit à l'action des siècles qu'il a traversés ;
« le Sauveur dont la chevelure et la barbe sont d'une
« pureté classique, a le chef penché du côté droit, les yeux
« clos, la bouche légèrement entr'ouverte : les dents se
« voient un peu. C'est bien le sommeil du juste. Il a un
« mètre, de l'épaule aux doigts des pieds. »

L'oratoire est plutôt exigü ; il avait été décoré avec un certain luxe. Au milieu de la voûte, une belle peinture murale représente Staint Jean-Baptiste prêchant, entourée de quatre panneaux et d'un médaillon se rapportant à la vie du Saint.

Un tableau de Saint Jérôme, Père et Docteur de l'Eglise, provenant de la galerie Fesch, orne l'unique autel de l'oratoire.

Les stucs et les dorures n'avaient pas été ménagés ; malheureusement depuis quelques années elles ont été en partie altérées, faute d'entretien. Ces travaux avaient été exécutés vers 1840.

Les inhumations avaient lieu communément dans l'oratoire de Saint Jean-Baptiste, comme à la Cathédrale.

Plusieurs membres de la famille Bonaparte dont la maison est à quelques pas de l'Oratoire, y ont été baptisés : Louis Bonaparte roi de Hollande le 24 Septembre 1778 ;

Lucien Bonaparte prince de Canino et Elisa princesse de Lucques et Piombino le 4 Septembre 1779.

Désaffecté à la Révolution, l'oratoire fut transformé en salle de bal et de spectacle. Il fut rendu au culte après le Concordat.

ORATOIRE DE SAN ROCCO SUL MARE

L'oratoire de San-Rocco a été bâti en 1599, in Borgo, en dehors des murs de la ville. Il était appelé *San Rocco sul mare*, parce que à l'époque de sa fondation, il avait vue sur la mer, dont il était séparé par des jardins qui s'étendaient jusqu'à la plage ; ce ne fut que deux siècles plus tard, que l'on construisit les maisons qui lui masquent la vue du port.

L'extérieur de l'édifice est très modeste ; l'intérieur est mieux, sa voûte est de plein cintre.

Le rétable du maître autel est composé de quatre colonnes en stuc, d'ordre corinthien, imitant le marbre avec doubles piédestaux, d'un bel effet. Au frontispice, une statue de Vierge de Miséricorde, placée dans une niche. Le tableau du maître-autel représente la Vierge entourée d'une gloire, ayant à droite Saint Roch et à gauche Saint Sébastien. (1)

Il existe deux petites chapelles latérales dédiées à Saint Antoine et à la Vierge.

Les murs sont recouverts de stucs, qui commencent à se détériorer, faute d'entretien.

Deux statues de Saint Roch et de Saint Sébastien sont placées dans deux niches. Saint Sébastien à droite et Saint

---

La confrérie avait pour patron Saint Roch et Saint Sébastien.

Roch à gauche, se faisant face. Au milieu de la voûte on remarque une peinture murale : *Saint Roch montant au ciel.*

Les orgues proviennent de l'ancienne église Saint Ignace (actuellement Saint Erasme) ; elles furent vendus en 1774 à la confrérie de Saint Roch, pour le prix de 300 livres. Tout autour de la nef, les murs ont été lambrissés en bois dur ; des stalles pour les membres de la confrérie y sont adossées.

Avant le Concordat de 1801, Ajaccio n'avait qu'une seule paroisse, la Cathédrale, située dans l'enceinte fortifiée. Or, dès 1599, date de la fondation de l'oratoire de Saint Roch, la population du Borgo était déjà nombreuse ; ce faubourg était habité surtout par des pêcheurs et des gens de l'intérieur établis à Ajaccio. Ce furent donc les besoins spirituels de cette population éloignée de la Cathédrale qui décidèrent de son érection. Aussi tenait-il lieu de paroisse dans une certaine mesure ; les mariages, les décès, et les baptêmes, continuèrent à être inscrits à la Cathédrale, unique paroisse de la ville.

L'église de Saint Roch fut bénite en 1617 par le révérend Giov. Antonio Ramolino. Bien qu'en dehors des murs, elle jouissait de l'immunité ecclésiastique ; les criminels qui s'y réfugiaient, ne pouvaient pas être arrêtés. L'Oratoire fut restauré en 1790 : après la constitution civile du clergé, des prêtres non assermentés continuaient à y officier ; ils furent dénoncés au directoire du département.

Après le Concordat, l'Eglise de Saint Roch fut comprise dans les circonscriptions paroissiales, arrêtées par Mgr Sébastiani, et approuvées le 24 Septembre 1802 par le Premier Consul. Le premier curé de Saint Roch, fut l'abbé J. B. Recco. (1)

---

(1) L'abbé Recco avait fait l'école à Napoléon enfant, avant son départ pour l'école de Brienne. Napoléon mourant s'en souvint en le nommant dans son testament.

Enfin l'église de Saint Roch cessa d'être paroissiale pour redevenir Oratoire de ce nom, le jeudi 19 décembre 1895, jour où Mgr de la Foata a béni la nouvelle église de Saint Roch.

Cette nouvelle église, construite d'octobre 1892 à novembre 1895, grâce aux efforts de M. le curé Louis Olivieri, décédé évêque d'Ajaccio en 1903, s'élève Cours Napoléon, sur un terrain donné en partie par le général Tiburce Sébastiani ; le reste du terrain fut acquis par la fabrique, des héritiers Pompeani et Delacroix.

Les dépenses s'élevèrent à 150.000 francs environ, fournis par une part contributive de la ville, une subvention de l'État et le produit d'une souscription publique.

ORATOIRE
DE S. PHILIPPE NERI ET DU BUON GESU

L'Oratoire de Saint Philippe Neri, servant actuellement
de chapelle aux Sœurs de Saint Joseph, a son entrée principale rue des Ecoles, appelée autrefois strada delle monache,
puis dei Gesuiti, Doria et du Dôme.

Par ses modestes proportions, c'est plutôt une chapelle
qu'une église ; il a été bâti par Mgr Giulio Giustiniani le
6 Janvier 1608, sous le titre primitif du *Buon Gesu* ; la
bénédiction eut lieu le 1er Janvier 1615.

L'Oratoire fut cédé à la confrérie du Buon Gesu qui
reçut le 16 mai 1608 de Mgr Giulio Giustiniani ses sta-
tuts et règlements d'organisation.

Une ordonnance de l'évêque du 18 novembre 1610 fait
connaître que, eu égard à la piété et aux bonnes œuvres
des confrères, leur compagnie avait obtenu l'agrégation et
les indulgences du très révérend Séraphin Secco, vicaire
général de l'ordre des Prédicateurs, dûment autorisé par
le Saint Père.

Pour faire partie de cette confrérie, il fallait appartenir
en même temps à celle de Saint Jérôme et Saint Jean-
Baptiste. Mgr Fabiano Giustiniani, successeur de l'évêque
fondateur, étant prêtre de Saint Philippe Neri, demanda et

obtint de la confrérie le 22 Juin 1622, d'élire pour patron Saint Philippe Neri ; néanmoins on continua à y fêter le nom de Jésus. Cette confrérie a disparu depuis de longues années ; la tradition n'en conserve même plus le Souvenir.

Après la Révolution, l'oratoire de Saint Philippe servit aux usages les plus divers, l'Etat le céda à la ville pour y établir une école primaire qui n'a jamais fonctionné. Plus tard il devint propriété départementale, et on y installa les écuries de la gendarmerie.

Après la construction de l'ancienne caserne qui se trouve près de la succursale de la banque de France, l'oratoire ayant été mis en vente, il fut acheté par les Sœurs de Saint Joseph, dont la maison se trouvait contigüe, le 2 février 1841 ; depuis, elle servit de chapelle à la Communauté.

ORATOIRE DE SAN CARLO

L'Oratoire de San Carlo a été édifié le 30 Avril 1619 par Mgr Fabiano Giustiniani, avec le produit des souscriptions du clergé et des habitants de la ville, auxquelles vinrent s'ajouter des aumônes.

L'évêque Giustiniani bénit cette église sous le vocable de San Carlo. Bien que désaffectée depuis la Révolution, l'église existe encore ; elle se trouve dans l'intérieur du pâté de maisons occupées jusqu'en 1906, par les écoles des Sœurs de Saint Joseph. Presque dès l'origine (1643) elle fut cédée à la confrérie de Saint Jérôme et Saint Jean-Baptiste, chargée de l'administration de l'*Ospedale dei Poveri* qui se trouvait à côté de l'Oratoire de San Carlo. Ce fait a amené une confusion regrettable au point de vue des appellations : il en est résulté que, même de nos jours, on donne, à tort, à l'Eglise de Saint Jérôme et Saint Jean-Baptiste et au quartier avoisinant le nom de San Carlo, ancien Oratoire de la confrérie de Saint Jérôme et Saint Jean-Baptiste ; son déplacement à l'Oratoire de la rue du Roi de Rome est seul cause de cette confusion qui s'est encore accréditée, par suite du nom de rue Saint Charles, donné aux anciennes rues Malerba et del Vecchio Seminario, aboutissant près de l'Oratoire de Saint Jérôme et Saint Jean-Baptiste.

L'Oratoire de San Carlo a de modestes proportions bien qu'il ait servi de Cathédrale pour le service paroissial, de 1778 à 1790, durant la fermeture de la Cathédrale qui menaçait ruine : interdiction prononcée par le Conseil Supérieur de l'ile de Corse.

L'intérieur de l'Eglise a subi des transformations complètes ; l'extérieur est resté tel qu'il était, on dirait la façade d'une église de campagne.

Après avoir servi de magasin à fourrages pendant la Révolution, elle fut affectée au logement des malades de l'hospice civil jusqu'en 1848, date de l'ouverture du nouvel hospice Eugénie.

A partir de ce jour et jusqu'a l'année 1906, l'Eglise San Carlo fit partie des bâtiments de l'école des Sœurs de Saint Joseph.

MAISON DES JÉSUITES

MAISON DES PÈRES JÉSUITES

Ce fut sous l'épiscopat de Mgr Fabiano Giustiniani, que les Jésuites, réclamés et obtenus par son prédécesseur, vinrent s'établir à Ajaccio en 1616. (1)

Ils bâtirent le collège et leur église, près de la citadelle, le 9 octobre 1617. Au dessus de l'arc d'une porte intérieure du corridor du rez de chaussée, on lit l'inscription suivante, gravée sur le marbre, donnant la date de la construction et les noms des bienfaiteurs qui contribuèrent par leurs libéralités à la fondation du Collège.

Tolidem
Adjacense societatis Jesu Collégium
Componerent patrimonia
Quot mundum elementa
Petrus Franciscus Salutius
Dimidiæ ære parte collata
Marcus Ant. Jos. Stefanus et Io. Lucas Doriæ
Altera
Tanti operis meritum inter se diviserunt
Integrans a Deo Singuli mercedem relaturi
Anno Domini MDCXVII

---

(1) Mgr de la Foata, Recherches... P. 85.

Cette inscription nous apprend que la moitié de la somme nécessaire à l'érection du collège a été donnée par Pierre-François Salutio, et l'autre partie de la somme, réunie par Marcus Antoine, Joseph Etienne, et Joseph Luc Doria, lesquels se sont partagé le mérite d'une œuvre si grande, chacun d'eux devant rapporter de Dieu une grande récompense.

La ville d'Ajaccio contribua elle aussi, par une subvention de quatre mille lire, auxquelles vint s'ajouter un legs de 1.500 lire fait par Tommaso Fieschi, noble génois.

L'Eglise du collège, placée sous le vocable de St Ignace, fut adossée à la maison ; la porte d'entrée du collège et la façade de l'église donnaient sur la rue de la Cathédrale. C'est dans ce temple que le vœu de la ville d'Ajaccio eut son origine, en 1656, à la chapelle de N. D. de Miséricorde fondée par le Capitaine Giovan Pietro Orto, le 26 avril 1645. (1) Cette chapelle est la première du coté de l'évangile.

L'ancien collège des Jésuites et l'église étaient tels qu'ils sont encore de nos jours. La maison présente un bâtiment de forme carrée, avec rez-de-chaussée et deux étages, jouissant comme le grand Séminaire d'une superbe vue sur le golfe et la haute mer. La façade de leur église (actuellement St Erasme) rappelle par son architecture celle adoptée par les Pères Jésuites dans les diverses parties du monde où ils ont construit des temples ; elle est vaste élevée, sa voûte est de plein cintre.

Dominique Spinola, illustrissime commissaire de la République de Gênes, Gouverneur pour le delà des monts, décédé le 12 septembre 1719, fut inhumé dans cette église.

---

(1) L'autel et la Statue de N. D. de Miséricorde où eut lieu le premier vœu de la ville, 1656, se trouvent actuellement dans la chapelle de l'hôpital civil d'Ajaccio. Ce vœu fut renouvelé quatre ans après, 1660, à la Cathédrale.

Dans la description que nous avons donnée des Chapelles de la Cathédrale, nous disions que chacune de ces Chapelles jouissait de revenus particuliers, avait un chapelain spécial et un Prieur qui s'occupait de l'entretien de la Chapelle, de son ornementation et de la gestion des revenus.

Les six Chapelles que contenait l'église Saint Ignace avaient également leur dotation et un chapelain spécial ; le R. P. Recteur des Jésuites remplissait le rôle de Prieur pour toutes les Chapelles de l'église.

Nous donnons ici, la constitution et la dotation de chacune de ces Chapellenies à l'époque de l'expulsion des Jésuites (1773) et les conditions imposées par les fondateurs. Ces renseignements inédits, sont tirés des comptes de gest'on de l'année 1774, établis par M. Souïris, subdélégué de l'Intendance, séquestre des biens des Jésuites.

1ᵉ CHAPELLE ST-IGNACE QUOTIDIENNE. — 16 Novembre 1752, le Prêtre Jean-Joseph de Bianchi de Bastelica, demeurant à Ajaccio, legs de 3224 lire cours de Gênes, consigné es-mains du R. P. Joseph Solari Recteur, pour être placées en cens au cours de 6 o/o pour les intérêts être employés 1ᵉ 3000 lire à la célébration d'une messe quotidienne à la dite chapelle, 2ᵉ 200 lire pour entretien de la chapelle et 24 lire au notaire qui passerait l'acte, Mᵉ Ange-François Folacci, notaire à Ajaccio.

Le fondateur laisse au Recteur des Jésuites 'a faculté de nommer le chapelain pour la célébration des messes.

2ᵉ CHAPELLE ST-IGNACE NON QUOTIDIENNE. — La dotation de cette chapelle a été constituée de la manière suivante : 1ᵉ Plusieurs particuliers ont légué une somme de 1600 lire, productive d'un intérêt de 96 lire à 5 o/o affectées : 60 lire pour la célébration de 120 messes et 30 lire pour l'entretien de la chapelle.

2" Par testament Anne-Marie Sorba, 28 février 1748, Carrega notaire, lègue une somme de 200 lire à placer à 6 o/o, pour la célébration de 24 messes par an à dix sous l'une; (1) elle désigna pour la célébration des messes le chanoine Celle et après lui, celui du fils du notaire Celle qui parviendrait à la prêtrise. En cas d'extinction, le Recteur des Jésuites désignerait le Chapelain.

3° CHAPELLE ST-FRANÇOIS-XAVIER (BENIELLI). — Le 19 Mars 1690, le Chanoine Ambroise Benielli et ses frères Joseph-Marie, et Michel-Ange, suivant l'intention de leur père Arioto Benielli et de leur mère Alcidia Colonna, font donation de 4000 lire, cours de Gênes, à placer à 6 o o, pour le produit être affecté à la célébration de 360 messes par an à dix sous l'une, et non au dessous.

Les 60 lire qui restent seront employées à l'entretien de la dite Chapelle, (Jean-André Caferrata notaire).

Le Chapelain chargé de la célébration des messes était le Chanoine Ambroise Benielli, et après lui les descendants de la famille. En cas d'extinction, le Recteur des P. P. Jésuites désignait le Chapelain.

4" CHAPELLE ST-FRANÇOIS-XAVIER (COLONNA). — Par testament du 14 février 1709, Martin Celle, notaire, dame Anne, fille de Dominique Colonna d'Ornano, veuve en dernières noces de Paul-François Benielli, lègue à la Chapelle les sommes lui revenant qui se trouvent entre les mains du R. P. Gatti, Recteur des Jésuites. Le capital n'est pas indiqué, néanmoins le revenu s'élève à 100 lire et 16 sous, destinées à la célébration de messes à la dite Chapelle à raison de dix sous l'une, et non plus bas. De cette somme de 100 lire et 16 sous, il sera distrait 40 lire pour

---

(1) Dans les comptes du Séquestre des biens des Jésuites année 1776, nous voyons payé au Chanoine Forcioli la somme de 48 livres pour célébration de 120 messes à huit sols chacune. Le Chanoine Santamaria, reçoit 76 livres et 16 sols pour 192 messes, célébrées à la Chapelle de Saint Ignace quotidienne.

l'entretien de la Chapelle. Le célébrant devra être un prêtre de la famille Benielli. Le Recteur nommera le Chapelain à défaut de membres de cette famille.

5° CHAPELLE SAINTE MARIE-MADELEINE. — Par contrat du 3 Avril 1643, Jean-Jérôme Pozzo di Borgo lègue en faveur de cette Chapelle, une rente de 100 lire, cours de Gênes. La moitié de la somme devra être affectée à l'entretien de la Chapelle, et l'autre moitié à la célébration de messes, deux par semaine, le lundi et le vendredi.

6° CHAPELLE NOTRE-DAME DE MISÉRICORDE. — Le 13 Août 1659, Antoine-Marie Orto, fils unique de Jean-Pierre Orto et de feue Livia, fille de feu Jean-Marie Baciocchi, lègue par testament, Pierre Spoturno notaire, en faveur de cette chapelle qui avait été construite par son père Jean-Pierre Orto, la somme de 4000 lire.

Le produit des intérêts pendant les trois premières années serait affecté à l'ornement et à l'embellissement de la Chapelle.

A partir de la quatrième année, le revenu serait attribué de la manière suivante : celui de 2000 lire en faveur du Docteur Santo Bianchi, celui de 1000 lire au prêtre Leggi, et enfin la rente des 1000 lire au prêtre Jérôme Scola, à charge par ces prêtres, chacun séparement et en proportion de la rente qu'ils toucheront, célébrer une quantité de messes suffisantes chaque semaine à l'autel de la dite Chapelle.

Les Prêtres désignés ci-dessus, cesseront de célébrer ces messes et seront remplacés par l'un des fils du cousin du testateur, Jacques-André Cerisola, lorsqu'il sera parvenu à la prêtrise.

Par une autre disposition testamentaire, Antoine-Marie Orto légua une somme de 2000 lire à la même Chapelle pour le revenu être affecté à l'entretien et à l'embellissement.

Par testament du vicaire Joseph-Camille Ottavi, 13 Octobre 1748, (Philippe Pozzo-di Borgo notaire) légua à la Chapelle de la Miséricorde 500 lire, cours de Gênes, pour la célébration de 60 messes par an à l'autel de la dite Chapelle; il désigne comme célébrants ses cousins Ottavi ou Péraldi, le jour où l'un d'eux serait ordonné prêtre.

Par ce qui précède, on voit qu'il y avait deux chapelles dédiées à Saint Ignace, l'une dite quotidienne et l'autre non quotidienne, ainsi que deux Chapelles sous le vocable de Saint François-Xavier (Benielli) et Saint François-Xavier (Colonna) Pourtant l'église n'a que cinq autels, y compris le maitre-autel.

Les Jésuites possédaient un beau et vaste domaine aux portes de la ville, s'étendant de la plage où a été construit l'hospice civil, jusqu'aux hauteurs de Balestrino où se trouve la grotte de Napoléon.

Ce grand domaine tirait son nom de Casone, d'un bâtiment aux vastes proportions, pour l'époque, construit par les pères Jésuites. C'était un lieu de récréation pour les religieux et les élèves.

De 1617 à 1773, date de l'expulsion des Jésuites, leur collège était la seule maison d'éducation pour la jeunesse d'Ajaccio et du delà des Monts.

On avait prétendu que Napoléon avait compté parmi leurs élèves ; le fait n'est pas admissible, si on songe que Napoléon était né en 1769 et que les Jésuites furent expulsés en 1773.

Il n'avait que 4 ans à cette époque, et ce n'est pas à cet âge qu'on envoie les enfants au collége.

Ambroggio Rossi, auteur de l'histoire de la Corse en 17 volumes en cours de publication, ancien élève des Jésuites d'Ajaccio, dit le plus grand bien de ses anciens maitres, il fait l'éloge de leur science et de leur doctrine.

Après leur expulsion, une partie du bâtiment fut occupé

par le collège royal d'Ajaccio comprenant quatre classes, fondé en 1776, l'autre partie servait d'habitation au Général Durosel, Comte Beaumanoir, commandant en second dans l'île de la Corse. (1) A la Révolution, l'ancien collège fut donné à la ville qui y établit le siège du Directoire du district, les bureaux de la municipalité etc. Les assemblées populaires, souvent tumultueuses à cette époque, se tenaient dans cet édifice.

L'église fut affectée aux usages les plus profanes. Elle servit de magasin et d'entrepôt sous Louis XVI et durant l'occupation anglaise, 1794-1796 ; de bagne aux galériens de St Domingue jusqu'en 1803 ; à cette date le bagne fut transféré au couvent des Capucins. L'église a été rendue au culte le 18 juin 1815, sous l'épiscopat de Mgr Sébastiani, et devint l'oratoire de la Confrérie des Marins sous le vocable de St Erasme.

La maison des Jésuites reçut la destination suivante : le rez de chaussée fut occupé par le collège de la ville jusqu'en 1845 ; à cette date on transféra le collège dans l'édifice érigé par le Cardinal Fesch à *San Rocco sul mare*, où il est encore actuellement.

Les écoles des frères qui occupaient déjà les deux étages de la maison, disposèrent en entier de l'ancienne maison des Jésuites. Ils l'ont occupée jusqu'en septembre 1906, date de leur départ par suite de l'application des nouvelles lois scolaires. (Les frères avaient été envoyés à Ajaccio par le Cardinal Fesch en 1806).

Le beau domaine du Casone devenu propriété nationa'e dès l'expulsion des Jésuites 1773, fut acheté par Joseph Bonaparte en mars 1797 ; il appartint par la suite au Cardinal Fesch, qui le comprit dans les dotations faites à

------

(1) L'Etat payait 500 francs par an, pour le logement du Général Beaumanoir et une somme moindre pour l'hôpital des galeux de la la garnison, occupant quatre salles de l'ancien collège.

la ville d'Ajaccio. Cette dernière en a retiré des sommes considérables, par la vente successive de lots à bâtir. La transaction intervenue en 1842 entre la ville d'Ajaccio, représentée par le Chevalier Ponte, et le Comte de Suvilliers (Joseph Bonaparte) interdisait l'aliénation de cet immeuble, et dans le cas où l'aliénation n'aurait pu être évitée, les sommes provenant de la vente devaient être placées en fonds sur le trésor public, et le revenu affecté à l'entretien du Collège Communal.

Nous terminerons pas les renseignements ci après : les Biens des Jésuites après leur expulsion donnaient un revenu de 6196 livres 8 sols en 1774 et 7766 livres 19 sols en 1777. M. Souïris, sequestre de ces biens, avait 300 livres de traitement annuel auquel venait s'ajouter une gratification de 300 livres.

Son compte de gestion pour les années 1774, 1775 et 1776 donne pour prix de la journée aux ouvriers terrassiers occupés par le Séquestre, 22 et 26 sols par jours aux hommes et 12 sols aux femmes. On y remarque une dépense de 33 livres payées à l'escorte qui l'accompagnait au cours de l'année dans ces visites aux Milelli et autres anciens immeubles des P. P. Jésuites.

APPENDICE

SITUATION DES BIENS

Maisons, portions de maisons et propriétés rurales possédées par les P. P. Jésuites, à Ajaccio, au moment de leur expulsion (1773).

1. — Les bâtiments du Collège et l'Eglise St Ignace.

2. — Maison Rossi, rue Droite : une boutique et deux chambres au Ier étage.

3. — Maison Bianchi, vis à vis de la Cathédrale : quatre chambres, deux au rez de chaussée et deux au premier étage.

4. — Maison Oneta, à côté de l'église des Jésuites : trois pièces au rez de chaussée, trois pièces au premier étage, un hangar et moulin à huile dans la cour.

5. — Maison Rossi, rue du Collège : six pièces, deux au rez de chaussée et deux à chacun des deux étages.

6. — Maison dite Casone, vis à vis le collège : quatorze chambres, dont quatre au rez de chaussée.

7. — Maison Monterossi, rue du Collège : quatre pièces, dont deux au rez de chaussée.

8. — Maison Odona, rue Lubera : six pièces, dont deux au rez de chaussée.

9. — Maison La Badina, rue St Charles : deux boutiques et un four au rez de chaussée, et quatre pièces au premier étage.

10. — Partie de la maison Peraldi, rue Scaffa : trois pièces au premier étage.

5

11. — Maison Stella, rue Scaffa : trois pièces dont une au rez de chaussée.

12. — Maison Sorba, rue Scaffa : six pièces dont trois au premier et trois au second étage.

13. — Maison Fornarina, rue de la Porta : deux pièces au rez de chaussée et une grange au premier étage.

14. — Maison Costa, rue de la Boucherie : une chambre au premier étage.

15. — Maison Odona, au faubourg : une boutique au rez de chaussée.

16. — Maison Benielli, au faubourg : deux grandes pièces, une au rez de chaussée, et l'autre au premier étage.

BIENS RURAUX

1. — Une campagne dite de *Saint François,* près d'Ajaccio. Nature : terres labourables, vigne, jardin potager, quantité d'arbres, amandiers etc., avec maison vaste, etc. Servant de campagne aux P. P. Jésuites.

2. — Une campagne aux Cannes, avec maison. Nature : terres labourables, potager, vigne, arbres, amandiers etc.

3. — Une campagne nommée les *Milelli* : maison, terres labourables, jardin, oliviers (160 non compris les sauvageons griffés, arbres fruitiers etc.)

4. — Vigne et verger à *San Lazaro.*

5. — Terres labourables à *Barbicaja.*

PALAIS ÉPISCOPAL

PALAIS ÉPISCOPAL.
CASA VESCOVILE

Le palais épiscopal a été bâti en 1622, à l'extrémité du
Carrugio dritto, près de la citadelle, par l'évêque Fabiano
Giustiniano ; il fut restauré et agrandi 79 ans plus tard
par un de ses successeurs, Mgr Frà Spinola, le même qui
fonda le Grand Séminaire d'Ajaccio en 1710. On lit sur
le marbre de la frise du portail l'inscription suivante :

Ædes episcopales a Fabiano Justiniano Venerab.
Mem. antistite Adjacen. an. Sal. MDCXXII
Extructas eius successor F. Petrus Spinola
Novo ordine instauravit et auxit M·DCCI

Cette maison épiscopale construite par Fabien Giustiniani
Evêque d'Aj. de vénérable mémoire, l'an du Salut 1622,
F. Pierre Spinola son successeur
La restaura et l'agrandit sur un nouveau plan en 1701.

L'agrandissement se fit du côté de la citadelle ; on
distingue parfaitement la construction de Mgr Frà Spinola,
aussi bien à l'extérieur qu'à l'intérieur. Sur le côté
faisant face à la citadelle, à l'angle de la rue Roi de Rome,
est gravée la date 1701.

Les armoiries de la noble famille Giustiniani, *le château
sommé de l'aigle éployée*, sculptées sur marbre, ornent la
façade principale. Cet écusson, recouvert par un crépissage

au moment de la Révolution, n'a été mis à découvert que vers 1842. sous l'épiscopat de Mgr Casanelli d'Istria.

Mgr Frà Spinola avait fait écrire en grosses onciales, sur toute l'étendue des murs, une devise tirée d'un texte de St Paul. (1) Cette inscription recouverte par le crépissage, existe toujours.

Avant 1790, on voyait dans le grand salon du palais épiscopal deux toiles représentant deux Synodes tenus dans l'antique cathédrade de St Jean, ainsi qu'une galerie de portraits des anciens évêques d'Ajaccio, depuis Mgr Guidiccioni jusqu'à l'évêque Doria.

A la Révolution, le palais épiscopal devint propriété de la Nation. Joseph Bonaparte l'acheta, à dire d'experts, le 12 mars 1797, pour le prix de 14.000 francs ; l'immeuble était dans un état de délabrement complet. Cette acquisition fut faite au nom de Joseph Bonaparte et de son épouse Julie Clary. Il devint plus tard propriété du Cardinal Fesch.

Après le concordat de 1801, le palais fut loué par l'Etat pour servir d'habitation à l'évêque.

Le Cardinal, par acte du 8 juin 1816 (Lorenzi, notaire à Rome), en affecta le revenu à l'entretien des frères des Ecoles Chrétiennes et des sœurs de St Joseph à Ajaccio.

Le palais épiscopal a servi d'habitation pendant deux cent dix huit ans aux dix neuf évêques qui se sont succédés, de 1622 à 1900.

Après le décès de Mgr de la Foata, son successeur Mgr Olivieri prit possession du nouveau palais bâti sur le Cours Grandval, le jeudi 8 mars 1900.

Mgr Desanti, évêque non concordataire, occupa ce même palais du 18 août 1906 au 18 décembre la même année.

----

(1) Voir *Notre Dame d'Ajaccio*, par Arman.

Il dut le quitter le 18 décembre 1906, par suite de la loi de 1905 sur la séparation des Eglises et de l'Etat.

L'ancien évêché génois redevint de nouveau l'habitation des Evêques. Après quelques réparations et des modifications intérieures reconnues nécessaires, la vieille *casa vescovile* fut rendue à sa destination primitive. Mgr Desanti en prit possession le 18 décembre 1906.

Avant 1622, les évêques d'Ajaccio habitaient près de la citadelle dans une maison dont l'emplacement a servi à bâtir la maison des P.P. Jésuites, occupée jusqu'en 1906 par les Ecoles Chrétiennes des frères.

L'Anonyme de Nancy, (1) dans son histoire de *l'Isle de Corse* imprimée à Nancy en 1749, nous fait savoir qu'à l'époque où il était à Ajaccio comme commissaire des guerres, (31 mai 1739-16 avril 1741), le Commissaire génois, Gouverneur pour le delà des monts, avait sa demeure au palais épiscopal, sans donner aucune explication à ce sujet. Il est probable que c'était au moment où l'évêque logeait au Grand Séminaire, ce qui arrivait fréquemment à cette époque.

(1) Goury de Champgrand, d'après des renseignements fournis par le Ministre de la guerre au baron Cervoni, ancien Bibliothécaire de la ville de Bastia,

LE SÉMINAIRE

GRAND SÉMINAIRE

Le grand Séminaire d'Ajaccio a été édifié par les soins de Mgr Frà Spinola évêque d'Ajaccio en 1710 ; il en fit les frais sur sa fortune privée. Une plaque de marbre à l'angle nord-est du bâtiment central rappelle la date et le nom du fondateur :

Deo Opt. Max.
Ac Immaculatæ Deiparæ
Electæ Seminarii Patronæ
Precibus per diœcesim indictis
Fr. Petrus Spinola
Episcopus Adjacen.
Primarium lapidem
An. MDCCX die XXIII feb.
Solemni ritu imposuit
Hic.

Avant cette époque, le Séminaire était situé rue Saint Charles, *attacato alla Cattedrale dalla parte del Campanile.*

Il ne devait pas être bien spacieux ; deux ou trois chambres d'une de ces maisonnettes adossées à la Cathédrale servaient sans nul doute de Séminaire, à en juger par le prix de location qui était de *quaranta lire l'anno* (deux sous par jour). (1) La dépense était une des charges de la mense épiscopale.

____

(1) Fab. Giustiniani. Mgr de la Foata, Recherches et notes.

Ce Séminaire avait été créé dès l'année 1582 par Mgr Guidiccioni, évêque d'Ajaccio.

Mgr Spinola avait projeté de construire le Séminaire hors de la ville sur un terrain vague situé entre le bastion du Diamant et la hauteur de San Sébastiano, où a été construite depuis la caserne Abbatucci, à peu près dans l'axe du cours Grandval. Le sénat de Gênes s'y opposa; il vit dans cette construction qui aurait dominé le bastion du Diamant, une menace pour la sécurité de la ville, si l'ennemi venait à s'emparer du Séminaire.

Il ne fallait pas songer à trouver un emplacement *intra muros*, il n'en existait pas ; le sénat de Gênes autorisa la construction du Séminaire sur un terrain situé entre les murailles de la ville et la plage du golfe d'Ajaccio, à condition que l'édifice serait entouré de murailles venant se souder au corps de place, ce qui fut fait dès l'année 1707. Ce sont les murs que l'on voit encore de nos jours, affectant la forme triangulaire d'un bastion, dont les feux pouvaient au besoin se croiser avec ceux de la face Sud du Diamant.

Le grand Séminaire était formé, comme de nos jours, par trois corps de bâtiments dont deux en retour formant une cour intérieure. La situation était des plus heureuses, elle dominait le golfe et avait vue jusqu'à la pleine mer. A l'origine, le grand Séminaire n'avait que le rez de chaussée, un étage et la mansarde ; à l'époque où le diocèse en prit possession, 1838, il fut exhaussé de deux étages.

Les évêques d'Ajaccio et particulièrement Mgr Doria avaient l'habitude de loger au grand Séminaire pendant les fortes chaleurs.

Après la conquête (1769), une partie de l'édifice fut occupée par des services civils, et même par des troupes ; des plaintes furent adressées au gouvernement du Roi pour faire cesser un état de choses, si contraire au but de l'institution.

A la Révolution, le grand Séminaire devint propriété nationale (1791), fut distrait de son affectation et occupé par divers services publics. Le 2ᵉ bataillon des volontaires nationaux de la Corse, ayant pour Lieutenant Colonel en second Napoléon Bonaparte, y était caserné au moment de l'échauffourée qui eut lieu le jour de Pâques (8 avril 1792).

Sous le gouvernement Anglo-Corse, 1794-1796, les troupes anglaises l'occupèrent ; ce fut en cette circonstance que le Clergé de la ville fit enlever de la chapelle du Séminaire et transporter à la Cathédrale la statue en marbre de la Vierge qui se trouve actuellement à la Cathédrale, chapelle de la Conception.

Depuis la loi de Pluviose an VIII jusqu'à l'achèvement de l'hôtel de la Préfecture, il fut occupé par l'administration départementale et les tribunaux ; la Cour Impériale de la Corse y eut son siège jusqu'en 1816, (1) époque où elle fut transférée par arrêté du Général Marquis de Rivière (1816) : aux termes de cet arrêté ce transfert n'était que provisoire.

Dès qu'il fut question de la construction d'un hôtel de la Préfecture. une ordonnance royale du 25 septembre 1822 rétrocédait au diocèse le grand Séminaire. Les travaux de la Préfecture dont la pose de la première pierre eut lieu le 1ᵉʳ juillet 1826, trainaient en longueur, faute de fonds. Le gouvernement préleva sur le budget des Cultes une somme de 150.000 francs ; de son côté le clergé du diocèse, à la

---

(1) Ce fut dans une des salles du grand Séminaire affecté à la Cour Impériale d'Ajaccio, que celle-ci par l'organe du Comte Colonna d'Istria, procureur général, fit cette digne réponse au Général Anglais Montrésor, qui lui ordonnait de rendre la justice au nom du roi d'Angleterre : « La Cour ne saurait, sans trahir son honneur et ses devoirs les plus sacrés, cesser de rendre la justice au nom du roi de France ». (6 mai 1814, pendant l'occupation éphémère de la Corse par les Anglais).

demande de Mgr Sebastiani évêque d'Ajaccio, souscrivit pour une somme de 70.000 francs dont le produit fut affecté à l'achèvement de la Préfecture.

Le transfert des services départementaux à la Préfecture put se faire dès l'année 1837 ; à cette date eut lieu la remise du grand Séminaire au diocèse. (1)

Le local étant insuffisant pour contenir les nombreux élèves ecclésiastiques, Mgr Casanelli d'Istria obtint de l'État une somme de 150.000 fr. pour exhausser de deux étages le grand Séminaire et remettre en état l'ancien bâtiment.

Jusqu'en 1838, le grand Séminaire était à la maison Ottavi. rue Fesch, face à la Cour d'honneur du Collège Fesch. Le Supérieur du grand Séminaire à cette époque était l'abbé Guibert, devenu plus tard Cardinal, archevêque de Paris.

De grandes améliorations furent introduites, après la prise de possession du grand Séminaire. Les salles ont été toutes lambrissées en bois de châtaignier, le corridor du rez de chaussée a été transformé en un magnifique cloitre.

La chapelle a de belles proportions ; on voyait au maître autel, une toile remarquable de Desgoffes peintre parisien, et une belle copie de la *Cène*, de Philippe de

---

(1) En 1802, après le concordat, le Séminaire du diocèse d'Ajaccio avait été établi à la Porta-d'Ampugnani ; les Séminaires des anciens diocèses avaient été aliénés ou affectés à d'autres services. (Rossi. Osservazioni sopra la Corsica.)

Le 14 octobre 1807, Napoléon exprima son mécontentement au ministre Portalis au sujet du Séminaire ; il lui dit que sa place doit être au chef lieu du diocèse et non dans un village. Dans une lettre du 16 même mois, adressée au Cardinal Fesch, Napoléon lui dit que l'ancien couvent des Capucins d'Ajaccio pourrait être aménagé pour servir de Séminaire. (Letteron. *lettres de Napoléon.*)

Pour faciliter les études ecclésiastiques, Mgr Sebastiani fit attacher en 1825, aux deux collèges d'Ajaccio et Bastia, un professeur de théologie. Tous ceux qui se destinaient à la prêtrise étaient tenus de puiser dans l'un de ces deux collèges les connaissances relatives à leur état.

Champagne ; il y avait en outre, huit tab'eaux peints par Mlle Meuron, représentant diverses circonstances de la vie de la Sainte Vierge.

La *Madeleine*, tableau du 18ᵉ siècle, attribué à l'Etat, après la loi de séparation, a été offert par celui-ci à la ville d'Ajaccio pour être déposé au Musée de la ville. (Lettre ministérielle du 26 octobre 1909).

Ce tableau a une certaine valeur ; il ornait la chapelle du Séminaire.

Du temps de sa prospérité, la bibliothèque du grand Séminaire avait près de 6.000 volumes.

La cour intérieure du grand Séminaire par ses modestes dimensions n'était pas en rapport avec l'édifice ; elle fut encore réduite d'une quarantaine de mètres carrés en 1865, afin de rectifier la forme de la place du Diamant pour l'érection du monument Bonaparte à l'extrémité de cette place.

Sous l'épiscopat de Mgr Casanelli d'Istria, le grand Séminaire fit l'acquisition d'une belle propriété au lieu dit *Linaccio*, route d'Ajaccio à Alata, à environ 5 kilomètres de la ville. On y construisit une belle et spacieuse villa, avec chapelle.

Les élèves et les professeurs du grand Séminaire allaient s'y récréer une fois par semaine.

Par suite de la loi de Séparation de 1905, l'Etat a pris possession du grand Séminaire le 18 décembre 1906 et en a fait cession au département de la Corse. Celui-ci l'a cédé à son tour à la ville d'Ajaccio.

LES COUVENTS

COUVENT DES CAPUCINS

Le couvent des Capucins d'Ajaccio a été bâti au dessus de l'entrée de la barrière du Borgo en 1570, (1) vingt trois ans avant la construction de la Cathédrale qui eut lieu en 1593.

Erigé sur la hauteur qui domine l'entrée de la ville, il avait vue sur le port d'Ajaccio et sur les montagnes qui l'entourent.

La façade du couvent et celle de l'église (2) étaient orientées au levant, comme on peut le voir encore de nos jours ; il se composait de quatre corps de bâtiment, formant une cours intérieure carrée, entourée d'un cloître ; au milieu de la cour s'élevait un puits pour les besoins de la communauté. (3)

La construction, fort régulière, avec des ouvertures aux formes restreintes, rappelle celle des couvents italiens du

(1) Les premiers couvents de Capucins bâtis en Corse datent de l'année 1540 ; ceux de Bastia, Luri, Brando sont de cette époque. Filippini, *Storia di Corsica*.

(2) Plusieurs membres de la famille Bonaparte furent inhumés dans l'église des Capucins : Carlo Bonaparte en 1692, Giuseppe Bonaparte en 1703, Mariana Bonaparte en 1760, Giuseppe Bonaparte en 1763.

(3) Suivant les traditions anciennes, ce puits était le symbole de cette eau vive de l'Ecriture qui rejaillit dans la vie éternelle. *Vie de St Dominique* par le R. P. Lacordaire, p. 264.

même ordre. L'église adossée du côté nord, était sous le vocable de Saint Bonaventure.

Avant la Révolution, on remarquait dans le chœur quatorze tableaux à l'huile, représentant le Sauveur, la Vierge et les douze apôtres ; au maître autel se trouvait un tableau également à l'huile représentant la Vierge, Saint Bonaventure et St Antoine.

L'église avait trois chapelles, elles étaient du côté de l'épitre : 1° St Félix ; 2° Notre Dame du Bon Conseil ; 3° St François d'Assise.

Une cérémonie religieuse ayant eu lieu en 1748 à l'église des Capucins, à l'occasion de la canonisation de deux religieux de leur ordre, à laquelle assistait l'Evêque et le Commissaire génois, ce dernier protesta contre le Supérieur des Capucins, Alexis Oneto, qui, d'après lui, aurait enfreint la règle des préséances. Il prétendait qu'il avait droit aux mêmes honneurs que l'évêque, et qu'on aurait du lui préparer un siège comme celui du Prélat. L'affaire fut portée devant le gouvernement de Gênes. Il en résulta un véritable scandale dont toute la ville s'entretint.

A une époque plus rapprochée, il se passa au couvent des Capucins un fait, qui mit la ville en émoi.

Le bruit s'était répandu que le Père Ignazio Fedele Colonna d'Ornano, décédé le 8 février 1771, bien que mort depuis plus de vingt quatre heures, avait conservé les apparences de la vie, par le teint et par la flexibilité du corps. Le Supérieur des Capucins, Filippo Antonio Benielli, ayant ordonné à un frère lai de faire une incision sur le cadavre avec un canif, on vit aussitôt le sang jaillir en abondance. On cria au miracle.

Le fait ayant été connu, l'évêque Doria accompagné du chanoine Pasquale Susini et le juge royal Francesco Cuneo se rendirent au couvent des Capucins pour faire les constatations légales. Le docteur Forcioli Carlino, médecin de l'évêché, fit sur l'ordre de l'évêque et du supérieur des Capucins, en présence des médecins du tribunal et du Gouvernement, une incision sur le corps du Père Ignazio Fedele : on vit le sang couler aussitôt, au point d'en remplir une écuelle.

Le tribunal et l'évêque dressèrent procès-verbal de ce qui venait de se passer. Il fut inhumé dans le chœur de l'église des Capucins, côté de l'Évangile et quelque temps après du côté de l'Épitre. (1)

La bibliothèque du monastère se composait de 984 volumes.

Le domaine du Roi faisait annuellement au couvent des Capucins d'Ajaccio une aumône de deux quintaux de sel ordinaire. En outre, chaque fois que l'adjudicataire pour la fourniture de la neige à la ville, pendant la saison estivale, n'effectuait pas la livraison, il était frappé d'une amende de quatre lire, applicables au couvent des Capucins.

La Nation, suivant le langage consacré, prit possession du couvent le 22 mars 1791 ; le supérieur à cette date était le Père Giovan Battista Rossi d'Ajaccio, religieux éminent, auteur de plusieurs ouvrages, entr'autres *Memorie Storiche sopra il vivo della citta d'Ajaccio* et d'une *histoire de la Corse* en 17 volumes, en cours de publication, dont douze volumes ont déjà été publiés. Ce travail considérable lui donne le premier rang parmi les historiens de la Corse. A sa mort, survenue en 1820 dans un couvent de son ordre à Livourne, il légua ses dix sept volumes au roi de France ; grâce à cette précaution, ils ont pu être préservés d'une destruction possible. Louis XVIII les fit déposer à la Bibliothèque Royale.

____

(1) Bulletin de la Société des sciences historiques et naturelles de la Corse, *Osservazione storiche sopra la Corsica*. Abbate Ambroggio Rossi.

A sa fermeture, 22 mars 1791, (1) le couvent était occupé par 18 religieux, y compris le supérieur, dont voici les noms :

Le père Giovan Battista Rossi d'Ajaccio, supérieur, âgé de 37 ans.

Le père Luiggi Folacci d'Ajaccio, âgé de 67 ans.
— Filippo Antonio d'Ajaccio, âgé de 64 ans.
— Eustachio d'Ajaccio, âgé de 64 ans.
— Antonio da Lento, âgé de 48 ans.
— Fedele d'Ajaccio, âgé de 36 ans.
— Giov. Battista d'Olmeto, âgé de 30 ans.
— Mariano d'Olmeto, âgé de 31 ans.
— Anto Francesco de Cognocoli, âgé de 31 ans.
— Geremia d'Olmeto, âgé de 30 ans.
— Ignazio Fedele di Suarella, âgé de 28 ans.
— Germano d'Ajaccio, âgé de 25 ans.
— Frà Pacifico di Cuttoli, âgé de 21 ans.
— Antonio di Corticchiato, âgé de 48 ans.
— Giacomo di Cassano, âgé de 38 ans.
— Girolamo d'Argiusta, âgé de 36 ans.
— Anto Maria di Soveria, âgé de 26 ans.
— Clemente di Volpajola, âgé de 25 ans.

Après la Révolution, le couvent des Capucins a été affecté aux services les plus divers. Il servit de casernement aux troupes et aux volontaires nationaux ; de bagne aux galériens Napolitains et aux nègres de St Domingue, de

(1) L'armoire, sorte de bahut en noyer avec marqueterie, représentant des Capucins, qui ornait autrefois la sacristie de l'église des Capucins, se trouve actuellement dans la sacristie de Saint Roch à Ajaccio. Dans la chapelle sépulcrale de la famille Caneo d'Ornano, aux Padule, on y voit un Christ provenant également des Capucins. L'argenterie de la chapelle, pesant 8 livres et demi, poids de marc, passa aux domaines de la Nation.

1803 à 1815. Enfin il devint propriété privée le 1er juillet 1828 (1)

Le nouveau propriétaire le fit remettre en état, et y ajouta quelques construtions appropriées à la nouvelle affectation, mais sans modifier l'intérieur du couvent ; la façade du coté de la mer fut seule remaniée.

La nef de l'église existe encore, on remarque une belle voûte de plein cintre bien endommagée qui ne tardera pas à s'écrouler.

Les chapelles latérales de l'église du couvent ont été tranformées et modifiées, et servent actuellement de chapelle sépulcrale à la famille Vico.

Dès que les travaux furent terminés, on y installa l'école normale des instituteurs qui l'occupa pendant de nombreuses années, jusqu'au jour où le département fit construire l'école normale, à la place Miot.

---

(1) A été vendu par l'Etat avec un clos d'un hectare 82 ares pour 4.600 francs à M. Dominique Vico. Une partie du clos avait servi de cimetière, après l'interdiction faite d'inhumer dans les églises. Les premiè es inhumations eurent lieu en 1798, par simple tolérance : le 23 août 1820, un arrêté du Préfet désigna le clos des Capucins pour servir de cimetière à la ville.

En 1831, on projeta de transférer le cimetière à Aspretto ; le plan en fut dressé par M. Lottero, architecte ; finalement on se décida pour le *Canicrio*, sur la route des Sanguinaires, où il est actuellement (délibération du Conseil municipal du 13 mai 1833.)

Les travaux commencèrent aussitôt (30 mai 1833.)

COUVENT DE SAINT FRANÇOIS

L'ordre des Franciscains, dont les couvents étaient si nombreux en Corse, en avait aussi un à Ajaccio, extra muros : il était situé à une centaine de mètres du bastion du Diamant.

Le P. Paolo Olivese, dans son ouvrage : *Serafice e cronicali ragguagli della provincia minore osservanti di Corsica,* (imprimé à Lucques en 1671) fixe la fondation de ce couvent en l'année 1612.

Il aurait été construit sur l'emplacement d'une petite chapelle dédiée à Saint Jacques, abandonnée par les pères Servites. Ce qui est certain, c'est que les pères Servites possédaient l'unique couvent qui existait à Ajaccio, avant même la fondation de la ville actuelle. (1)

Ils n'ont jamais cessé d'en revendiquer la propriété.

Le lundi 7 octobre 1643, le R. P. Bernardino Mariano, vicaire des Servites, protestait contre l'occupation de leur ancien couvent auprès du Commissaire génois, *pro tempore,* par l'organe de Maître Giuseppe Ginocchio, notaro in Ajaccio.

Nous ajouterons que l'église des Franciscains était sous

(1) Voir le *Dialogo nominato Corsica* de Mgr Agostino **Giustiniani**, évêque de Nebbio, 1470-1536.

le vocable de St Jacques le majeur, elle avait donc conservé le St patron de la chapelle des Servites.

Ce qui ne fait pas de doute, c'est l'établissement des Franciscains à Ajaccio dès l'année 1612.

L'église du couvent était la plus belle des églises conventuelles de la Corse, après celle de Saint François de Bastia; elle était orientée au N. E. A l'intérieur on voit encore une partie de l'ancien cloître.

L'édifice devint propriété nationale en mars 1791; néanmoins, on continuait à inhumer dans l'église les personnes de marque. L'archidiacre Lucien Bonaparte, grand oncle de Napoléon, y fut inhumé en novembre 1791.

Nombre de familles avaient leurs tombeaux dans l'église des Franciscains. La famille Pugliese avait un caveau à la chapelle de l'Annonciation, dès 1704; à la chapelle de la Conception, se trouvait celui de la famille Mario Peraldi.

Avant que l Etat n'en prit possession, l'église du couvent servait souvent à des usages profanes; les premières élections municipales à Ajaccio eurent lieu du 7 au 17 mars 1790 pour le *Rione del 'Borgo*, section extra muros, dans l'église St Jacques.

Il paraît que l'assemblée fut des plus tumultueuses; des bagarres et des scènes de pugilat s'en suivaient; on se lança à la tête des chaises et des escabeaux ; la séance fut suspendue.

La cause de toutes ces violences fut une opposition faite contre l'élection de Joseph Bonaparte, qui avait bien obtenu le nombre des suffrages exigés pour être élu, mais n'avait pas l'âge requis par la loi ; il avait 22 ans, tandis qu'il en fallait 25.

Le bureau composé de Paolo Lorenzo Padovani, président ; Giov. Giuseppe Pozzo-di-Borgo, secrétaire ; Giovan Pietro Levie et Stefano Conti, scrutateurs, rejeta l'opposition, qu'il qualifia d'œuvre dictée par l'esprit de parti et la haine, et valida l'élection de Joseph Bonaparte.

Le 22 mars 1791, l'Etat prit possession du couvent ; il était occupé à cette date par neuf religieux dont voici les noms :

Le père Bonaventura d'Argiusta supér., âgé de 54 ans.

— Francesco Antonio d'Ajaccio, 58 ans.

— Giov. Battista del Petreto, 60 ans.

— Giov. Francesco di Bastelica, 24 ans.

— Tomaso di Pila, 24 ans.

— Giovanni di Zicavo, 23 ans.

— Bonaventura d'Ajaccio, 70 ans.

— Giov. Francesco del Frasseto, 44 ans.

— Luiggi di Lopigna 31 ans.

L'ancien couvent des Franciscains, (1) fut transformé en hôpital militaire, affectation qu'il conserve encore de nos jours.

Depuis ces dernières années, une portion de l'ancien couvent sert de casernement aux troupes de la garnison, sous le nom de caserne Vaux.

Le bâtiment situé du côté de la mer est de construction récente ; il date de la première moitié du XIX⁰ siècle.

---

(1) La partie de l'hôpital militaire, longeant le Cours Grandval constituait l'ancien couvent et l'église des P. P. Franciscains.

COUVENT DES CLARISSES

Le monastère de Ste Claire d'Ajaccio eut son origine en 1607, mais il ne fut réellement édifié que treize ans plus tard. L'ouverture eut lieu le 27 juin 1620. Les religieuses de la fondation, au nombre de huit, furent : Madeleine Bocognano, Isabelle de Vico, Catherine de Zevaco, Françoise Casamatta, Pacifique Martola, Angèle Victoire Leoni, Julie Bonaparte et Libania Bastelica.

Elles portaient l'habit de Saint-François, sans être astreintes à prononcer des vœux. (1)

Leur couvent fut bâti rue delle *Monacche* (rue des écoles), il existe encore : c'est cette maison avec rez de chaussée et un étage, délabrée et inhabitée depuis longues années, située entre l'Oratoire Saint Philippe Neri, (chapelle des sœurs de St Joseph) et l'hôtel Peraldi (2)

Le gouvernement gênois contribua à sa construction en accordant une subvention de 500 livres.

Les religieuses apportaient une dot, qui se composait d'une partie de leur patrimoine : c'était généralement un magasin, deux chambres, une vigne, dont la communauté retirait les revenus. Au moment de la dissolution du

---

(1) Mgr de la Foata, Recherches... P. 28.
(2) Menaçant ruine, elle a été démolie en 1914.

couvent (1791), elles avaient beaucoup de ces portions d'immeubles dans les divers quartiers de l'ancienne ville.

Les Clarisses faisaient l'école aux jeunes filles et aux orphelines, mais elles recevaient également des petits garçons.

D'après la tradition locale, Napoléon, enfant, aurait fréquenté leur école, où il aurait reçu les premiers éléments d'instruction ; il aurait appris à lire et à écrire chez les Clarisses. Du reste, il n'y avait pas de choix à cette époque à Ajaccio. Les Clarisses dirigeaient l'unique école enfantine existant en ville.

A la Révolution, leur couvent devint propriété nationale ainsi que les portions d'immeubles que les religieuses avaient apportées en dot, et dont les familles revendiquèrent la propriété. (1) Le monastère passa entre les mains de Louis Coti, Procureur syndic au moment de la Révolution ; il a été vendu aux sœurs de Saint Joseph, il y a une dizaine d'années, par les héritiers de Louis Coti.

Les dernières religieuses du couvent Ste Claire qui durent le quitter en 1791, étaient au nombre de sept :

Suora Chiara Oneto, Superiora.

Suora Theresa Orto, Vicaria.

Suora Eletta Costa, Procuratrice.

Suora Nicoletta Fiorella, Portinaja.

Suora Maria Giuseppa Rossi, Infirmiera.

Suora Gertruda Susini, Maestra di novizie.

Suora Agnese Sburlati, Maestra educante.

---

(1) En prenant le voile, les Clarisses apportaient une dot de 1.200 livres. En 1730, Giuseppe Forciolo, constitue une dot de 1.200 livres à sa fille, Maria Felice Forciolo, à son entrée au couvent.

Les religieuses ne pouvaient être admises qu'après avoir obtenu le consentement du Commissaire génois. La communauté portait le titre de : *Conservatorio dei figlie oneste d'Ajaccio.*

Archives départementales (Gio. Luca Carrega, notaire à Ajaccio.)

APPENDICE

BIENS DES CLARISSES
A LA RÉVOLUTION

1. — Couvent et Jardin.

2. — Une chambre, rue St Charles.

3. — Rez de chaussée et une chambre, rue Scaffa (rue Sainte Claire.)

4. — Une cave, au Poggiolo (rue Fesch.)

5. — Une maison, rue du vieux Séminaire (rue Saint Charles.)

6. — Une maison, rue Scaffa.

7. — Une cave, carruggio dritto.

8. — Deux chambres, rue delle Monacche (rue des écoles.)

9. — Une maison, au Macello (rue des Glacis.)

10. — Une maison, rue San Girolamo (rue N. Dame.)

11. — Une maison, rue de la Porta.

12. — Rez de chaussée et un étage, rue Calabraga (rue des Bucherons.)

13. — Une cave, rue Scaffa (rue Ste Claire.)

ORATOIRES SUBURBAINS

ORATOIRES SUBURBAINS

Outre les églises et oratoires que nous venons de décrire, il existait dans le Borgo et dans la campagne d'Ajaccio plusieurs chapelles. Quelques unes ont complètement disparu ; le nom seul sert encore à désigner le quartier où elles avaient été bâties.

Dans le Borgo, rue Fesch, on rencontrait la chapelle de *Santa Catalina,* qui se trouvait dans la partie rétrécie de la rue Fesch, appelée encore de nos jours, *Collo di Santa Catalina,* au point d'intersection de cette rue avec la rue Sébastiani.

La chapelle dédiée à *I Tre Marie* était à quelques centaines de mètres plus loin, à peu près à l'endroit où débouche la rue des Trois Maries actuelle.

La chapelle de *San Lazaro* était à la sortie de la ville dans le jardin où ont été bâtis le palais de justice et la maison d'arrêt.

La chapelle de *Santa Lucia,* à peu de distance de *San Lazaro,* sur un monticule à l'entrée de la ville, sert actuellement d'oratoire à la confrérie de Saint Martin, corporation de jardiniers et autres travailleurs de la terre.

La chapelle de la *Madonna delle Grazie* était également sur la route à deux cents mètres environ au sud de Castel

Vecchio ; elle fut démolie lors de la construction de la route nationale.

Venaient ensuite, *Sant Antonio della Foresta* et *San Biaggio*, ce dernier dans le quartier de la campagne d'Ajaccio, qui porte encore ce nom.

Ces chapelles existaient en 1619, d'après Aurelio d'Istria Sorba qui écrivait vers cette date.

Il parle également de la *Madonna di Loreto* et ne fait aucune mention de *San Giuseppe*.

La chapelle de *San Giuseppe* est indiquée sur le plan terrier des environs d'Ajaccio, levé en 1773 par MM. Bédigis, Testevuide et Tranchot. A cette date, il n'existait pas d'oratoire ; c'était une simple appellation, un nom de quartier.

Enfin, la *Madonna del Carmine*, mentionnée par Aurelio Sorba.

Parmi ces chapelles suburbaines il n'en existe plus que cinq : *Santa Lucia*, la *Madonna di Loreto*, *Sant Antonio*, *Madonna del Carmine* et *San Giuseppe*.

Les noms des autres chapelles ne sont plus que des souvenirs, de simples appellations de quartiers.

Nous manquons de renseignements sur leurs origines ; peu d'indications sur leur importance; à en juger par celles qui existent de nos jours, elles devaient être de fort modestes dimensions, des lieux de dévotion dûs à l'initiative privée. Notre Dame des Grâces aurait été une fondation de la famille Ponte ; après sa disparition, la statue qui s'y trouvait a été placée à la chapelle de *Santa Lucia*.

Madonna del Carmine. Chapelle des Grecs. — La chapelle della Madonna del Carmine (N. Dame du Mont Carmel), si on s'en rapporte à l'inscription gravée sur marbre au dessus de la porte d'entrée :

Pauli Æmilii Putei-Burgensis non magis armis
Quam pietate illustris legatum sacellum hoc
Paulus Hieronymus fratrer ac Attilia uxor erixerunt
Anno Dni 1632

aurait été élevée à la mémoire de Paul Emile Pozzo-di-Borgo, par son frère Paul Jérôme et son épouse Attilia en 1632.

Cette chapelle est de construction plus ancienne : Aurelio d'Istria Sorba en parle en 1619.

La date de 1632 est simplement celle de l'érection de l'autel à gauche en entrant. Du reste l'inscription extérieure que nous venons de reproduire n'a été placée par la famille Pozzo-di-Borgo que dans la première moitié du XIX° siècle. (1) De cette période, date également l'autel de la famille Peraldi, vis à vis de l'autel Pozzo-di-Borgo, ainsi que le porche, construit dans le même temps et par la même famille Peraldi et qui empiète d'ailleurs sur la route.

Au-dessus de l'entrée, une plaque moderne porte cette inscription :

Futuram inquirimus

La Madonna del Carmine servit au culte des Grecs réfugiés de Paomia à Ajaccio, de 1731 à 1771; de là le nom populaire qui lui est resté, de chapelle des Grecs.

Le mariage de Mlle Catherine Stephanopoli, fille du Capitaine Giorgio Stephanopoli avec Jean Joseph de la Casa de Sarte, officier de la Légion Corse, fut célébré à la chapelle de la Madonna del Carmine, le 16 juillet 1769.

(1) Il résulte d'une correspondance entre le Préfet, le Maire d'Ajaccio et le Président du Conseil de fabrique de la Cathédrale d'Ajaccio (mars 1819), que la chapelle de N. D. des Carmes, était un oratoire privé, appartenant à la famille Leca, parents rapprochés du général Fiorella qui y avait des droits. (Archives départementales, série M, F. 8, carton 26.)

Les époux étaient âgés respectivement de 18 et 30 ans.

M. de la Case de Sarte, ayant péri dans un naufrage en allant en France sur la tartane *St Pierre*, sa veuve se remaria plus tard avec M. de Saint-Ange, major de la place d'Ajaccio ; ce second mariage eut lieu également à la Madonna del Carmine.

Autrefois, lorsque les gondoles rentraient de la pêche du corail faite sur les côtes de Barbarie, elles avaient l'habitude de saluer la Madonna del Carmine par des feux de mousqueterie, au moment où elles passaient devant l'oratoire.

Le général Antoine Pascal comte Fiorella, qui prit une part si active à la victoire de Castiglione en 1796, y a été inhumé en 1810. Le général avait désigné de son vivant cet oratoire comme lieu de sa sépulture ; on souleva des difficultés, mais elles furent résolues en faveur de Madalena et Nicoletta, sœurs du général, qui sollicitaient la faculté de pouvoir le faire inhumer dans cette chapelle.

Face à la ville, à l'angle ouest du porche, se lit une inscription en lettres rouges sur une grande plaque de marbre blanc :

Nos promenades journalières
Avec Napoléon se prolongeaient
Sur le rivage de la mer, au delà
De la Chapelle des Grecs,
En côtoyant un golfe aussi beau
Que celui de Naples, dans un pays
Embaumé par les exhalaisons
Des myrtes et des orangers.
Nous ne rentrions quelquefois
Qu'à la nuit close.

(*Mémoires du Roi Joseph*)

SScription Dr Ch. Barbaud
Cannes, nov. 1913.

Madonna di Loreto. — Cette chapelle est une fondation de la famille Bacciochi d'Ajaccio ; elle fut érigée au XVIIe siècle par François Bacciochi prêtre ; il constitua en sa faveur une dotation représentée par des immeubles, des bestiaux et des cens, s'élevant à 2.500 livres, dont les revenus devaient servir à l'entretien de la chapelle et du chapelain. Par testament en date du 24 août 1681, le fondateur demanda à être inhumé dans cette chapelle ; les moines d'Ajaccio étaient chargés de célébrer une messe quotidienne à son intention.

Dans les anciens actes publiés, elle est désignée sous le nom de *chapellenie de N. D. di Loreto*. A droite de la chapelle, se trouve une annexe dite *Capella della Madonna Mora* : c'était la chapelle sépulcrale de la famille Bacciochi.

Le comte Félix Bacciochi, premier chambellan de l'Empereur Napoléon III, sénateur de l'Empire, décédé à Paris le 23 septembre 1866, a été inhumé dans cette chapelle.

La nomination du chapelain était faite par le chef de la famille Bacciochi. En 1782, il y eut un procès qui fit beaucoup de bruit pour la dévolution de ce petit bénéfice, entre plusieurs membres de la famille Bacciochi ; le Conseil Supérieur de l'Ile se prononça en faveur de l'abbé Jules François Baciocchi écuyer. (1)

Il y a pourtant bien de supposer que l'oratoire existait

(1) Archives départementales. Conseil Supérieur. R. B. 10.
La famille Bacciochi était une ancienne famille qui remontait à la fondation d'Ajaccio (1492). Dans une supplique adressée au pape Clément XVI, a l'effet d'être autorisé à fonder une chapelle dans sa propre habitation, ou l'on célébrerait deux messes quotidiennes, Francesco Bacciochi, rappelle à Sa Saintete, qu'il est gentiluomo della Città di Ajaccio, que sa famille est tenuta nel 1° grado é fra le principale del paese. Il suo antenate Francesco Bacc ochi fu......... papifico del Cardinale Chigi, fu da S. S. Papa Clemente X, decorato con ono revole ed a npio diploma di nobiltà, *Urbis Romæ*.— Onorati dalla Serenissima Republica di Ge ova, del privilegio di Stare innanzi il Serenissimo Doge colla testa coperta etc.

avant le 17ᵉ siècle, époque où il a été érigé en chapellenie par le prêtre François Bacciochi. L'historien Filippini nous apprend que des temps de guerres de Sampiero (1564), Marco d'Ambiegna avait embusqué ses gens, partie dans les vignes de San Giovanni d'Ajaccio, partie à la montée de Loreto. Il est permis de croire que l'oratoire existait déjà et avait donné son nom à ce quartier des environs d'Ajaccio.

Saint Joseph. — L'oratoire actuel de ce nom date de 1837. Néanmoins avant cette époque, il existait sur cet emplacement quelques pans de murailles d'une ancienne chapelle.

Les menuisiers d'Ajaccio, (confrérie Saint Jérôme et Saint Jean Baptiste), désireux d'avoir une chapelle suburbaine, adressèrent une requête à M. François de Susini, Consul du Roi des deux Siciles à Ajaccio, propriétaire du fonds, tendant à être autorisés à construire sur l'emplacement de ces ruines, une chapelle dédiée à St Joseph. M. de Susini ayant acquiescé à leur demande, un acte de cession intervint, à la date du 4 mars 1837, par lequel était fait don de l'emplacement sollicité et d'une portion de terrain autour de la chapelle, à charge de posséder dans l'intérieur de l'oratoire un caveau sépulcral, pour la famille du donateur et construit aux frais de celui-ci. En outre, la corporation des menuisiers devait y entretenir un banc à quatre places à l'usage de la famille de Susini.

L'acte spécifiait un droit de retour, si pour une raison quelconque l'oratoire venait à être désaffecté, et dans ce cas, les ornements sacrés seraient retirés par les menuisiers.

En admettant que les ruines sur lesquelles a été édifié l'oratoire de St Joseph en 1837 fussent les restes d'une antique chapelle dédiée à St Joseph, ce qui est probable, puisque de temps immémorial ce quartier portait le nom de quartier de St Joseph, il est certain qu'il n'existait pas en 1619, Aurelio Istria Sorba qui écrivait à cette date n'en faisant pas mention.

D'autre part, on est autorisé à croire que l'ancienne chapelle de St Joseph existait en 1731, date où eut lieu le combat soutenu par 21 bergers de Bastelica contre 800 Génois et Grecs, commandés par le colonel Vela. L'abbé de Germanes, dans son *Histoire des Révolutions de Corse*, tome 2, ainsi que l'abbé Gaudin dans son *Voyage en Corse*, en parlant de ce combat, disent que les bergers repoussèrent les Génois jusqu'à Aspreto, proche la chapelle de Saint Joseph.

Pour la passation de cet acte, la corporation des menuisiers était représentée par : MM. Laurent Ramarone, Etienne Favella, Antoine Zevaco et Pierre Campiglia. (1)

Saint Antoine. — Ce petit oratoire est situé à environ 5 kilomètres à l'ouest d'Ajaccio ; il est sous le vocable de Saint Antoine abbé, dont la fête est célébrée le 17 Janvier. Avant la construction de la route de Castelluccio, on y parvenait par un sentier muletier, véritable lit de torrent desséché ; aujourd'hui les quatre cinquièmes de la route sont carrossables.

L'oratoire de St Antoine, dit *Sant Antonio della Foresta*, existait déjà en 1619 ; Aurelio Sorba d'Istria en fait mention dans sa relation.

Ces oratoires de la campagne d'Ajaccio étaient dûs à l'initiative privée ; Saint Antoine avait appartenu au Capitaine Mariano Bastelica, décédé en 1657 ; il légua la chapelle et les terres qui l'entouraient au Chapitre d'Ajaccio, ainsi que d'autres biens, pour la fondation de trois Canonicats.

____

(1) Archives de la famille de Susini.

L'orato're et les terres de Saint Antoine étaient la propriété du chapitre de la Cathédrale d'Ajaccio, lorsque l'Etat s'en empara à la Révolution et les vendit comme biens nationaux, par voie d'adjucation, les 18 juillet et 13 décembre 1791.

Le Cardinal Fesch, alors archiprêtre de la Cathédrale, en devint acquéreur, sur la mise à prix de 5.500 fr.

Le Cardinal ayant légué par testament sa fortune à la ville d'Ajaccio, les biens de Saint Antoine sont devenus propriétés communales.

Saint Nicodème. — Je terminerai cette description des oratoires suburbains, en mentionnant la niche, dite de *San Nicodemo,* située sur la route des Sanguinaires à l'extrémité de la grille de l'hospice civil et à l'angle d'un boulevard nouvellement créé (1912).

A l'intérieur de cette niche, une sculpture en ronde bosse sur marbre, représente la Vierge tenant dans ses bras le Christ après la descente de Croix. Au dessous, gravée sur le granit, cette inscription en français :

Saint Nicodème
Fait en 1732.

Cette niche avec cette même inscription se trouvait autrefois sur le bord de la route, côté de la mer, à peu près en face de l'endroit où elle est actuellement.

Ce déplacement a été opéré, lors de la rectification de la route des Sanguinaires, il y a quelques années.

L'inscription en français portant la date de 1732, c'est-à-dire d'une époque où cette langue était généralement ignorée en Corse, est bien faite pour intriguer, si on songe que cette date est antérieure à l'arrivée de la première expédition française, commandée par le Comte de Boissieux qui eut lieu en 1736. En 1732, la Corse était gouvernée par les Primats, chefs de la grande insurrection de 1729.

L'origine de cet édicule demeure ignorée. Faut-il l'attribuer aux Grecs réfugiés à Ajaccio de 1731 à 1774, et dont le culte était célébré à la Madonna del Carmine située sur cette même route, à une petite distance de San Nicodemo?

Cette hypothèse est admissible, si l'on considère que St Nicodème, dont le nom n'est guère porté en Corse, est un Saint de la primitive Église, spécialement honoré en Orient.

TABLE

AVANT-PROPOS

LA CATHÉDRALE

Plan d'Ajaccio en 1769.

Achevé d'imprimer le 15 Juin 1914

AJACCIO. — IMP. MODERNE

PLAN DE LA CITADELLE & DE LA VILLE D'AJACCIO
à l'Epoque de la Naissance de NAPOLÉON
(1769)

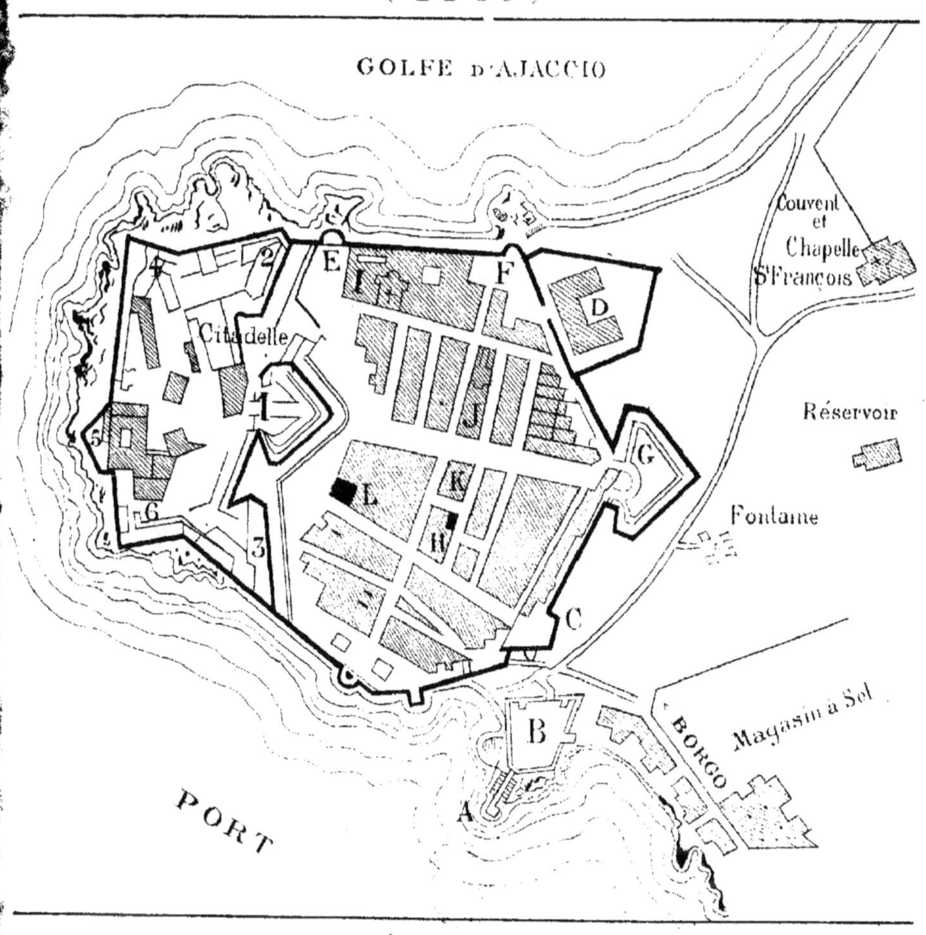

LÉGENDES

A. Môle	G. Portail du Menard
B. Place du Môle	H. Maison Bonaparte
C. Porte de la Ville	I. Couvent des Jésuites
D. Séminaire	J. Cathédrale
E. Tour Sanola	K. Chapelle de St Jean-Baptiste
F. Tour St Georges	L. Palais Episcopal

CITADELLE

1. Bastion Ste Barbe	4. Redan St Jean
2. demi Bastion St Luc	5. Petit Bastion
3. demi Bastion St Marc	6. Redan St Mathieu

9 782329 752594